# 昭和一桁の徒然草

戦中戦後を駆け抜けた

篠原昌史

元就出版社

「戯れ」（下野新聞社・2001年度・しもつけ写真大賞入選作・著者撮影）

# はじめに

私の場合、小学生時代に生母と死別し、新しい母を迎えて四年半後に今度は父を戦争で失っている。少年時代の家庭環境は決して平坦ではなかった。そして成人後も表現は適切ではないが、家庭的には変化に富んだ経験をしてきたと思っている。たまたま平成八年に殉職船員顕彰会の機関誌で戦没者の想い出を募集していたので、「父の想い出」として応募し掲載されたが、これが自分史を纏めようと思い立つ引き金になった。

本書では、身辺での出来事を幾つか切り出して記述するというスタイルで自分史を組み立て第一章とした。それらの出来事はお互いに関連があるので、若干の重複が避けられなかったし、また、何人かの方々の実名を使わせて頂いたことについてはご容赦いただきたい。なお今回は業務に直接関連した部分は割愛し、次回に譲ることにした。

私は研究者として学会誌に研究報告は投稿していたが、昭和三十三年頃、北海道勤務時代に、業界の大御所から、炭鉱で使用される特殊なダイナマイトの解説を業界誌に載せると依頼された時、始めて対談スタイルで仕上げたのが書くことに興味を持つきっかけとなったと思っている。

管理職になってからは会社の広報誌に何度か文章を載せることになったが、その中で特に昭和三十八年の香港駐在時代に香港便りを纏めたのが良い経験になった。その頃から自分の書いた文章を何点か抜粋して人生の記念としたいと考えるようになり、何らかの形で記録を保存することにしてきた。

年を重ねるにつれて社内外に技術管理や一般随想を載せる機会が増えた。第二章にそのあたりの何点かを選んだが、いずれも私の数十年の公私にわたる思索や経験に基づいているので、それぞれが形を変えた自分史になっていると思う。

会社を退いてからは若い頃からの趣味について、もう少し質を高めようと凝る傾向になったが、その遊び心が書かせた文章を主とし、一般エッセイを第三章に揃えた。最大の趣味である旅については本書から分離し、昨年、第一作を出版した。出来れば第二作をとの意欲を持って現在資料を蓄積している。ただ、若い頃の出張時に業務と離れた視点で残した短い紀行文は、一昔以上前の外国の事情の紹介という意義もあろうと考え、この章の末尾に加えておいた。

以上の経緯なのでやや幅広な内容になってしまったし、その折々の気分で書かれたので、文体については統一されていない。また、何点か公表されている文章については、単行本に掲載するにあたり加筆修正を加えた。これらの諸点についてはご理解いただきたい。

最後に、第一章の自分史関連については元就出版社の浜社長から、「内容が一般の人にも共感を持たれるだろうし、時代の考証上も、戦中・戦後の世相や市民の暮らし、また、戦時における人の運不運の巡り合わせなど、人知の及ばない何かを感じさせ、興味があると思うから是非公表したらよい」というお勧めを頂いたので、面映い感じもあるが予定を変えて本書に組み入れることを決心した次第である。御笑覧ください。

二十一世紀初頭　緑園都市壬生にて

篠原昌史

昭和一桁の徒然草——目次

## 第二章　技術屋のひとりごと

## 第三章　楽しみを創る

戦中戦後を駈け抜けた

# 昭和一桁の徒然草

# 第一章　悲喜こもごもの幾歳月

# 父よ南溟の海に眠れ！

## (1)　まえがき

父を記述するとなると、当然私の二人の母、そして弟のことにも触れることとなり、結果として自分史の一部になる。

私の父は大阪商船（株）のばたびや丸の機関長として、昭和十九年（一九四四年）にサイパン沖で米軍の攻撃に遭い、四十四歳の働き盛りで船と運命をともにした。私は旧制中学三年、十四歳だった。

父は農家の三男として生まれ、親戚の寺を継ぐのが嫌で家を飛び出し、官費の大学を狙って東京高等商船学校に入ったと聞いている。当時、栃木県稲葉村（現壬生町）羽生田と言う農村地帯から大学に進む人は珍しかった。

父の従兄弟で生家が隣の山口壌迩氏（平成八年一月に他界、名古屋に長く住んでいた）も文科系の大学に進学した。二人は気が合い、夏休みによく黒川の河原に寝そべって天下国家を論じたり、好みの女性のタイプを比較しあったそうである。私の母がそのタイプだったかどうかは定かでないが、母も同じ村の農家の娘として地元では一流の栃木高女出だったので、似合いと言うことになったのであろう。

船乗りの生活は乗船期間が七十―八十パーセントあり、出帆前日の寂しさ、帰国前日の嬉しさを今でも覚えている。子供でもそうなのだから、妻である母の気持ち、また、父自身はどうだっただろう。「息子に俺の職業をさせたくない」は、一般に多くの職業の父が吐くセリフであるが、船乗りの場合かなり深刻だったのではなかろうか。

1940年、湖南丸機関長当時の著者の父

## (2) 第一期神戸時代

就学する前の生活については、断片的に幾つかのイメージが残っているだけである。私は昭和四年六月生まれ、弟は六年二月生まれである。船乗りの妻として母は、弟を郷里稲葉村で出産したと思う。よく祖母が私に言っていたが、考えてみれば昭和六年始めの冬、私が二歳弱の頃か、朝起きだして縁側に出て生まれて始めて降りしきる雪を見たのだろう。「あえー、なんなんべー?」と、栃木弁で驚きの叫びをあげたらしい。

神戸に戻り、三歳くらいの時だったろうか、母が弟のオムツを取り替える時に、まさに排便現象を目の当たりにして驚いた記憶がある。弟はよく大病をした。疫痢にかかった時に、おそらく強心剤だったろう、静脈注射のような太い注射を心臓に垂直に突き刺すのをこわごわ見たし、猩紅熱にうなされて全身の皮膚が縮れて剝けた様子も覚えている。

私自身は就学前年の夏、風呂から飛び出し、座敷を走り抜け、縁側からそのまま庭に転落して鎖骨を折ったことがあるし、内科では何か骨に異常が出て甲南病院で入院治療をした。ゼラチンを沢山食べさせられたし、退院後も母がゼラチンを市場で買っては、家で特製の羊羹にして食べさせてくれた。

まだ平屋に住んでいたある元日に、トロロのような色のどろどろの雑煮を食べたこと。大阪、神戸間をたびたび父の客船に乗せてもらったが、ある日、一人でトイレに入っていたので海に落ちたと間違えられ、船中が大騒ぎになったことも多分その頃のことだろう。二・二六事件は昭和十一年(就学の直前)だったが、たまたま在宅していた父が大島の着物と羽織姿でラジオを心配そうに聞いていたのを覚えている。

一つ特筆しておくことは、私の幼少時代は飛び抜けて大きかったことである。誕生時に四・二キロあり、お産が四時間も遅れたと聞かされた。就学前でも毎回駅の改札で切符を買えと文句を云われ、母はいつも弁解していたが、そのうちに面倒になり買うようになった。私にはそれが自慢だった。

　昭和十二年から日中間の戦争が始まり、父はいわゆる軍用船に乗って、いつ、どこにいるのか家族には分からない期間もあった。たまに帰国して、揚子江を航行中、両岸の中国軍から砲撃を受け、ヒュウヒュウという弾丸の飛び交う音を聞いたと、ビールを飲みながら話してくれた。まだまだ勝ち戦の段階であり、戦争の悲惨さにはほど遠い感じであった。

　ここで母に触れておく。結婚前に地元の小学校の先生をしていたが、自分の子供の教育にも熱心で、子供は遊びしか考えないのに、自分の息子が友人に勉強とか先生の評価で負けると悔やしがった。一―二年の夏休みに兄弟は、市内の絵画教室に学び、最後の展示会の表彰式で揃って入賞し、本人たちよりも母が大得意だった。当時は灘区に住んでおり、買い物は元町の三越、大丸とそごうによく出かけ、帰りに阪急三宮ターミナルビルの食堂で三十銭のランチを食べるのを常とした。

1933年頃、著者と弟

　体格が大きいと言うことで、一年の学芸会は象、二年では猿蟹合戦の臼の役目だった。三年では海幸山幸（二つの玉の神話）の海の神様役で、水色の薄手の衣装を纏った。乙姫は確か痩せ形の中村さんで、ピンクの衣装だった。子供の目にも乙姫を可愛らしく感じたのは、ませていたのかも。

当時一部の道具は父兄が担当し、二年生の時の象のお面は母が綿の入った長い鼻をあしらっていた。三年生の時の海の神様の衣装は、もう一組の同役の父兄が作ったものを借りた。昭和十三年の秋のことで、母はすでに結核に犯され床に伏していたので、その体力が無かったからである。

同役の山口とは神戸一中で再会した。なお、兄神を演じた北村とも一中で再会し、同じ剣道部で汗を流したが、半世紀経った今も飲み会やゴルフを楽しんでいる。弟神は藤田だったが、彼は前年の猿蟹合戦では主役の猿だった。キャビネ版の記念写真が残っているが、それには間もなく訪れる母や友達との別れという淋しい想い出もついている。

当時の学芸会は成績や家庭がほどほどの児童が主要な役を受け持っていたようだ。その親は嬉しかったろうが、端役、たとえば竜宮城の平目になって簡単な踊りをするだけの子の親たちにとっては、学芸会はかならずしも面白くなかったのではなかろうか。

母がいつ頃から病に犯されたかは正確には分からないが、昭和十三年の始め頃だったかも知れない。なぜならば十二年秋の学芸会には来ていたと記憶しているからである。当時結核は不治の病とされていた。母は何回か医者を変えた。町医者から大病院まで。その他天理教から生長の家にも頼った。漢方薬の先生とも懇意にした。私たちは幼かったので、いつも連れて歩かされたので覚えている。

天理教の小母さんは、母のやつれた胸を開いて手踊りを交え、「助け賜え、天理教のミーコートー！」と唱えていたし、生長の家の方は個人の家で、信仰によって難病が奇跡的に治った経験話を十数人で聞く会が多かった。脊髄カリエスという恐ろしい病気の名前はここで覚えた。母はこの関連の雑誌を何冊か購読していた。

昭和十三年夏の神戸風水害は凄かった。近所の川が氾濫して家の前の道路は膝までの洪水となった。幸い我が家は四段くらい石段を登った二階建てに越したあとだったので、門柱まで水はとどかなかったが、向かい側の長屋は床上浸水で住民は避難した。私は向かいの家の玄関のガラス戸が撓《たわ》みながら水に耐えていたが、遂に内側に倒れてドッと家の中に濁水が突入する光景を二階の窓から見ていて、水の力というか恐ろしさを実感した。

当日、私は担任の手回しが良かったのか早く帰宅していたが、弟は午後まで帰らず、母は大変心配していた。すでに寝たり起きたりの状態だったと思うが、この時は起きて何度も門のところまで出て弟の帰りを待っていた。

ようやく水が引いてから、先生につれられた弟を遠方に見た時、二人でホッとしたことを覚えている。六甲道駅から少し北の方へ歩くと、屋根まで土砂に埋まった街がつづき、屋根を破って難を逃れたのか、何軒かの屋根にこじ開けられた穴があいていた。とにかく凄かった。

ある日、母が病床を二階から一階に変えた時、階段ですれ違った。あまりの痩せ方に「お母さん痩せたなあ」と口に出したら、気にしていたことを突かれたためか機嫌悪く、「馬鹿なこと云うんじゃない」と叱られた。

### (3) 母の死から栃木での生活へ

昭和十三年秋にはすでに母は寝たきりとなり、家事は家政婦と故郷から駆けつけた祖母がやっていた。しかし子供として、母に死と言うことがあろうなど、考えもしなかった。ところがである。昭和十四年一月十三日、教室から呼び出されて担任の先生と帰宅すると、息を引き取ったばかりの母があった。弟と母の亡骸《なきがら》の前で、声を張り上げて泣きじゃくったことを今でも覚えている。

祖母の話によると、昼食時に何かが喉に詰まって、アッという間におかしくなったらしい。二日後の一月十五日にラジオで大相撲をやっており、双葉山が安芸海に六十九連勝を阻まれて大騒ぎだった。葬儀で栃木から来ていただいた親戚の方々（篠原直一郎、三上善吉、粂川甚三郎、いずれも故人）も大声で話題にしていた。

当日、父は御用船で不在。したがって喪主不在で葬儀が行なわれた。しばらくの間、床の間の骨箱に線香をあげてから登校した。ある夕方、思いがけなく父が帰宅した。妻死亡の緊急連絡が届いたのか、何も知らずに帰宅したのかは分からなかったが、骨壺の前で号泣していた父の姿を見て私も一緒に泣いた。

話は変わるが、父の教育法の一例について記しておく。六甲山に何度か出かけたが、父はロープウェイの乗り場までのバスには乗せてくれなかった。小学低学年の子供には何回も追い越していくバスが恨めしかった。大抵は画板をぶら下げて行き、握り飯を頬張りながらスケッチをしたことを思い出す。絵は好きだったから苦痛ではなかった。母の死後、父は特別の休暇をもらったのか、私たち兄弟を明石や姫路城に連れていってくれたり、元町でフルーツポンチを食べさせてくれたのを覚えている。

父は生活のために乗船勤務を続けるに際し、小さい息子たちと老婆に留守を託するに忍びなかったのであろう。すぐに故郷栃木の親戚（三上芳郎歯科医・母の叔父）の隣に家を借り、その人が私たちの後見人となり、技工士夫妻が同居して私たちの面倒を見ることになった。慌《あわ》ただしい引っ越し。愛犬デアリーという名のテリアは、動物の本能で感じるところがあったのか、引っ越しの当日いつの間にか居なくなっていた。

神戸駅始発の夜行寝台列車のデッキから、神戸の灯火を眺めた寂しさ。寝台は祖母一つ、兄弟には一つで、入れ違いに寝たが、父は寝台の端に腰掛けていた。急で予約できなかったのであろう。何しろ慌ただしい日程だったためか、転校についてクラスに挨拶をした記憶もない。ただ近所の友だちとサイナラといっただけ。中桐君と言ったが、あれ以来音信不通。

父はとんぼ帰りで神戸へ。おそらく船を住居の生活となったのであろう。妻は逝き、小さい息子たちは栃木に、そして自分は明日も分からぬ戦地あるいは戦地同様の船旅。父も大変だったろう。それでも年に三―四回、栃木に帰省してくれた。昭和十四年頃は高砂丸（敗戦後は引揚船で有名になった）の一等機関士で台湾航路だったので、十日で往復し三日神戸停泊だったと思う。父としても毎回は無理で、たまに子供の顔を見に来るのが精いっぱいだったろう。父が帰る日は大抵、日曜日であったのは、父がその日を選んだと思う。

朝、栃木駅になぜか友達を誘って迎えに出てタクシーで家に来て三上さんに挨拶をし、しばらくして父の長兄直一郎の住む羽生田まで約三十分、その車を走らせる（一日貸し切り）。鹿沼で警察官をしていた次兄甚三郎も駆けつけ、夜まで三人で懇談するのが常であった。その頃のタクシーは田舎では珍しく、近所の大人や子供も車を見に集まって家を覗いていた。私たち子供はすぐ見知らぬ田舎の子供と仲良くなり、屋外作業場に敷き詰めた藁の上で相撲などして時間の経つのを待っていた。

まだ神戸に墓地を持っていなかったので、郷里の羽生田で更《あらた》めて母の葬儀をしたらしいが、私には記憶がない。最近、年長の従兄から、「昌史君は大勢の弔問客で賑やかだったので、はしゃいでいた」と聞いた。少年時代の子供心とはそういうものかと感じた。

父は私たちの教育を心配し、若い女の家庭教師を頼んだ。遊び盛りの私は、友達に見張りをさせて、先生が百メーターに近づいた時に家から逃げ出して不在とする戦法をとって先生を呆れさせ、三回の訪問といっても、面談は最初の一回だけで、この父の計画は取りやめになった。

親戚の人から叱られたが、自分でやると言うことで勘弁してもらった。事実、私は転校の次の次の学期には級長になっていたのだから、まずまずの生徒だったのだろう。

父は帰省した時、学校の授業参観にもきてくれた。子供を思う気持ちは今、自分が親となってよく分かるが、当時は迷惑だった。夏休みに二回ほど茨城の海浜に海水浴に泊まりがけで三上さんに連れていってもらったが、後で聞くと、費用はすべて父が出していたという。栃木は神戸に比べると、遊びも言葉使いも荒っぽい。都会と田舎の差である。父はそれが心配だったようだ。ふたたび神戸に生活の拠点をおくために、息子の教育を託せる後妻を探していたと思う。

## (4) 育ての母そして第二期神戸時代

昭和十四年夏の頃だったか、小柄な婦人が来宅した。四年生で感じるのはませていたかどうかはともかく、私は直感的にこれは父の後妻、私の「ママハハ」になる人と気づいた。当時ママハハとは一般に社会的に悪い印象がする言葉であったが、私は不思議に抵抗を感じないでこの婦人に対応した。母の愛に飢えていたのかも知れない。

トランプをやることになり、私は咄嗟にというか、ある種の試しの気持ちもあったように思うが、「お母さんの番だよ」と言った。婦人もびっくりしたようだし、それよりも弟はもっと驚いたそうだ。後で聞いたら、母は嬉しかったと云っていた。

父と育ての母宇賀神ミヤとの結婚式は、昭和十五年一月四日に目黒の雅叙園で行なわれた。戦時中であり、私たち兄弟も出席せず、小人数だったが格調の高い儀式だったようだ。父の戦死後、私が成人したある日、母の口から「式の前に二人は契りを結んだのよ」と思い出す

1942年７月、著者の両親

ように話してもらったことがある。現在ならいざ知らず、六十年も前なのに、進んだ思想の持ち主だったように思う。

　話が決まってから数ヵ月、私は何回か母の実家に泊まりがけで遊びに行った。そしてそこに住んでいた新しく従姉弟になった母の姪、宇賀神眞木が十四年半後に私の妻となったのである。人間社会の因縁を感じさせる。彼女の第一印象は明るさだったし、もう一つ徹底した礼儀作法にはびっくりした。今考えると、宇賀神家の家風だったといえよう。父母の結婚生活は僅か四年半の短さだったが、私たち夫婦はすでに結婚後四十七年になる。妻との出会いについては項を更めて詳述しよう。

　なお、育ての母は当時の和洋女専を卒業し、宇都宮の高等女学校の先生をしていた。タマ伯母（後述）も小学校で教鞭をとったことがあるし、もう一人のフク叔母は東京女高師（お茶の水大）を出て栃木高女、山口女専を経て学芸大の教授在職中に癌で他界した。話は逸れるが、私の弟も高校校長を勤めたし、母方の従兄も高校教諭時代に癌で死亡、従姉の旦那も高校教諭と言うように親戚に教育関係者が多い。（後記：娘の伴侶も高校の教諭、その父も高校

校長を勤め上げ、益々教育関係者に囲まれるようになっている）

東京で一泊した父母は翌日、母の実家に寄り、私たち兄弟を連れて羽生田や栃木の親戚回りをした。栃木の三上さんが「昌ちゃん、いいお母さんが出来て良かったね」と言ってくれた。父は台湾航路の停泊期間を使っての結婚式と引っ越しだったので、その日の夜行列車で全員、神戸に発った。可愛がっていたカナリア（夏にどこからか庭に飛び込んできたので網で捕らえた小鳥である。疲れていたのかすぐ網に収まった。野生なのか、鳥屋で売っているのより色が黒く脚が太かった。本格的ローラーカナリアで、鳴き声は近所に響いていた）を篭に風呂敷を被せて運んだ。

それが父母の新婚旅行であった。一層の戦時色だったし、忙しかったためか、三等車の四人掛けだった。前の神戸の家は灘にあったが、今度は須磨だった。到着した早朝に、これから住む二階建てを見て、なかなかいける家と感じた。後で知ったが、三十八円の家賃は当時としては相当高い方だったと思う。父は出帆日なので家に上がらないで、すぐ神戸港に行った。ほどなく荷物が届いて整理が始まったが、私たちは役に立たない。神戸の新生活に生みの母の親（祖母）が付いていくと言い出したが、三上さんが止めさせた。祖母として新しい母に可愛い孫を預けるのが心配だったのだろう。

昭和十五年一月、私は須磨の若宮小学校に転入した。実は一年前、栃木に転校した時、なかなか友達が出来なかった印象があったので、二度目の転校手続きに行くのに、弟と二人で抵抗し母をてこずらせた。ところが転校当日、「福寿草床に飾ればほんのりと、急に明るい部屋の中」という文章を暗誦し、誉められ喜んで帰宅している。隣に住む習字の上手《うま》かった谷口君が、毎朝「シノハラックン」と誘ってくれたし、今回は直ぐ仲間に溶け込んだ。田舎と都会の文化の違いか、一歳成長していたためかどちらだろう。

小さい時から相撲が強く、学級で前頭十枚目付け出しで取り、八勝二敗で七―八枚昇進したところで春休みになった。可愛がってくれたその担任の岸本先生が翌年三月に転任される時には、友達と一緒に泣いたし、先生の涙の挨拶も印象的だった。岸本先生とは須磨で開く年一回のクラス会にはお呼びしお会いしていたが、最近はお年で欠席されている。

五年生は生徒数が半端だったのか、珍しく男女混合学級。そろそろ女生徒に関心が出る年頃なのに教室で乾布摩擦の際、恥ずかしがる女生徒の気持ちを無視して上半身裸でやらせたことがあった。素晴らしく発育していた子もいたから、我々男子は大歓び。今なら先生の首が飛んだだろう。二学期には級長になったが、勉強の出来る男子に対してはかならず特定の可愛い子とのあらぬ噂を流されるので、女の子たちとは余り話をしないように意識していた。現代は違うようである。

五年生の夏の相撲大会では、水入りで相手を倒してクラスの優勝に貢献したことがある。学芸会では炭焼きの実験をやって仲間が失敗し、紙に墨で字が書けなくて困ったが、咄嗟のアドリブで切り抜けたのも懐かしい。六年生の時、担任の先生が結核で休まれそのまま帰らぬ人となった。入院される前の日に級長をしていた私のほか学級委員が残され、何か叱られるかと思ったが、先生の淋しい挨拶だった。男子には直ぐビンタを飛ばす怖い先生だったが、女子には甘かった。まだ独身で気持ちも若かったのだろう。

二学期からは新しい先生が着任された。秋の修学旅行は伊勢と奈良だった。すでに鉄道に関心があり、どこを走るかに興味があったが、帰りに草津線を通ったのは意外だった。汽車の窓を開けて飴の投げっこをしたり、宿屋では恒例の枕投げ、女生徒の風呂覗き（トライ中に先生に見つかれ大目玉）など、ふざけたり楽しさ一杯の旅だった。クラスで一人遅刻したS君は二日間自習ということになったが、今なら直ぐに追いかけて合流しただろう。時代とはいえそういう発想は親にも学校にもなかったのは、今考えれば不思議でならないが、当時の常識だったのだろうか。

1942年、著者の母と兄弟

この二度目の神戸の新居を構えた時、父は新生活の挨拶状を知人、友人に送ったが、その中で父は「これからは子供本意の生活に専念します」と記したそうで、母は「もう少し私に触れて欲しい」と希望したが受け入れなかったそうである。照れくささがあったのかもしれない。少し落ち着いてから、私は母に以前住んでいた灘に遊びに行きたいと迫ったが、なぜか許してくれなかった。息子がいたずらに過去の思い出に浸ることは、新しい生活にマイナスになると感じたのだろうか。今なら電話一本で解決するが、当時は考えもしなかった。まさしく時代の差である。

私の家は現須磨水族館地域、妙法寺海浜から三百メートルのところにあった。何の飾りもなかった白浜は、少年時代の想い出の宝庫である。第一は格好の水泳練習場。夏は下校後、毎日水泳パンツ姿で海に走った。とにかく我流でクロール紛いから入り、平泳ぎはある段階の後で覚えたが、このやり方でも何とか六年生で遠泳の仲間入りが出来た。

妙法寺海浜でも、時には二メートルを越す波となる。子供心で大波？　を越すのが楽しかった。沖でマトモに目前で波が砕けると、一瞬視界が消え、岸まで押し流され、直ぐ引き潮に足を掬《すく》われてウロチョロしている時、次の大波が頭上で砕けアップアップする、そのスリルが格別だった。

誰かに大波の御し方は「波の本体に顔を突っ込んで息を止め、波頭に頭上を通過させるんだ」と教わり、わざと大波に挑戦し、ゴーゴーと頭上を通過する波音に快感を味わったものだった。今の世は監視員のいるプールでも溺れる子供がいるが、私の場合、急に深みに入る妙法寺の浜で独りで泳ぎを覚えるのに、自分も親も何の抵抗も感じなかった。時代の差であろう。子供にも自己防衛の本能があるのに、今は過剰保護でその芽を摘んでしまっていると思えてならない。

当時の子供たちの遊びについて紹介しておこう。今のようにテレビやゲームソフトがない時代で、住宅地でもほとんど外で遊んだ。誰からともなく誘い合わせ、数人から十人くらい集まった。

人気があったのは「泥巡」と言う遊び。じゃんけんで泥棒と巡査の二班に別れ、泥棒班は一斉に散る。百ほど数える時間をおいて、巡査班が泥棒を見つけにかかる。泥棒は遠くに逃げたり、近くの住宅の塀の裏や時には庭まで侵入して隠れる。巡査に見つかったら逃げて、マラソンもどきの徒競走となる。精が尽きて捕まると、ある電柱に何人か手をつないでいる。巡査の見張りの隙をついて、別の泥棒が繋がれている仲間にタッチしたら一斉に逃げる、と言う単純だが、体力を使う遊びだった。

もう一つ「駆逐水雷」と言う遊びも印象に残る。泥巡に似ているが、今度も二班に別れ、帽子の被り方を何種類か違えて、それぞれを戦艦、駆逐艦とか潜水艦と約束し、戦艦は駆逐艦に勝つが潜水艦に負けるというようなルールを幾つも作っておいて、両班がその地域内で個々に立ち回り、タッチすれば弱者は撃沈されたとする。限られた時間に沢山撃沈した班が勝つといったゲームである。

五年生くらいになると工作に目覚め、模型飛行機に凝ったり、ヨットを作ったりした。あまり形をスマートにさせすぎて、須磨の池での競技で進水と同時に横転してしまい、ガッカリしたこともあった。

時々、田井畑という田園地帯に数人で出かけた。歩きで一時間くらいの距離だったろう。今はベッドタウンとなり、例の忌まわしい少年の殺人事件のあったところである。

さて、我々の目的は野生（と思っていた）柿や栗を頂きにあがるわけだが、実は私有地だったので、ある日、主人に見つかって怒鳴られ、大慌てで走って逃げたことがある。自転車で追いかけられたら直ぐ捕まったろうが、彼も歩きだったらしいし、体力の差があったので諦めてくれたので助かった。もちろん、それ以降はその目的での遠征は止めた。

当時はすでに食糧難時代。地の利を生かし、浜での流し網の巻き上げ時刻の情報をキャッチして駆けつけ、ピンピン跳ねる鰯をバケツに買い込んだことがたびたびあった。今で言えば猥褻物陳列罪にも成りかねないユルフンの漁夫が多かった。一方、自分たちの漁としては浜の投げ釣りや海水浴中に潜水するアサリ採りなど実益狙いもあったが、収穫は日によって大きくバラツいた。

船員家族ならではの思い出を一つ。父の高砂丸時代の話である。家族にとっては淋しいことだったが、あいにく日曜に出港となることがある。出帆時刻は正午だったので、母、弟と三人で浜に出て、大きな船体が中突堤（現在の呼称は?）方面から静かに顔を出し、茅淳の海を過《よぎ》り、明石海峡に消えるまでの数十分、手を振って見送った。一万噸《トン》級の船が眼前を海峡に向かう姿は雄大だったが、父の船と思う子供心が一層そのイメージを高めたと思う。

さて、船が真正面に差し掛かった頃、いつの日からかボー、ボーと二回、太い低い汽笛が響くようになった。父がボイラーマンに鳴らさせたそうだ。今考えると、すでに九州沖も輸送船が撃沈される戦場となっていた時代だったので、父には「行って来るぞ！　元気で待ってろ」と言う強い意志表示の意味があったのかも知れないが、子供にはまだ父の遭難を考える厳しさがなく、毎回単純に暖かい嬉しいメッセージと受け止めていた。母はどう感じていただろうか。

父は何回か広島の因島へドックで手入れをした船の受領に出かけたが、夏休みが重なった時、母と三人で父に会いに行った。楽しい思い出である。瀬戸内海の島々、青い海、活きの良い刺身の味。しかし島巡りで船酔いし、親に心配をかけたり、旅館での夜、便所に起き、寝ぼけて自分の部屋に戻れずに騒ぎになったこともあった。

何度か軍用船に切り替えられたこともあった。軍用船の運行は軍機に属するので、乗組員の行動も自由にならなかったのか、あるいは不意に寄港したのか、父は夜中に帰宅し、夜明け前に家を出ることがあった。私は寝床の中で夢うつつに父の帰宅と出勤を感じたことを覚えている。

昭和十六年十二月八日、太平洋戦争が勃発した。子供心にハワイ、マレー沖の戦果を始め、数ヵ月は大本営発表に踊らされて、地図上に日の丸を描いて浮き浮きしていたように思うが、程なく航海から帰宅した父は一言、「今始めたのでは、まだ船が足らない」。私がよく覚えているセリフだ。まだ小学生で戦争の本質を知るレベルになかったといえる。

時が移り、戦雲が厳しくなり、日本近海で輸送船が米国潜水艦に沈められ、何人かの父の友人が犠牲になる事態となってきた。父は自分の運を信じていたようで、よく「俺は大丈夫！」と真剣な表情で云っていた。何人かの葬儀委員長もしていたし、残された奥さん方に慰めの手紙を書いていたように思う。

国民の食糧事情も厳しくなってきたが、外国航路の船は食糧に事欠かなかったようである。よく父の船に遊びに行き、白米の飯にビフテキ等を腹一杯食べさせてもらったものだ。父は家では船で食べられない油味噌とか芋煮を母に注文したそうだし、また、自分の分を子供たちに回してくれていたように思う。そうそう、納豆とたらこは大嫌いだった。

もう一つ父について云っておきたいことは、字が上手《うま》く、特に字配りは名人芸であった。子供の教育のためと自分の気持ちもあったのだろう、正月に在宅している時は、かならず書き初め用の縦長の紙に太い筆で範を垂れ、私たちにも書かせた。大きな紙を一瞥したかと思うと、すぐ上から書き始めるが、字配りは完璧であった。表札ももちろん全部自筆である。

十二月八日の後、宣戦の詔勅を大きな用紙に毛筆で書いて神棚に供えておき、毎月八日、在宅していれば息子二人を神棚の前に立たせてそれを読んだ。そういう軍国調のところもあったが、これも職業のしからしむるところだったろう。

また軍歌が好きだった。ベストセラーのレコードを、手回しの蓄音機で楽しんだ。露営の歌、太平洋行進曲、紀元二六〇〇年、題名は忘れたが、「月月火水木金金」「まんもく百里雪白く！」などである。話は戻るが、商船学校時代、校庭か風呂場か知らないが、船頭小唄を口ずさんで上級生に殴られた話を聞いたことがある。流行歌にも関心があったのだろう。

台湾航路は、神戸を出て基隆から高雄まで行って戻る航路である。たまたま高雄に母の姉夫婦（松島要、タマ。二人ともすでに他界している）が果物会社を経営していた。父は高雄に停泊中よく伯母宅でご馳走になり、家での夕食の時、「姉さんの方が歓迎してくれる」と云って家族を笑わせたものだ。台湾土産のバナナとパイナップルにはよくありつけた。その頃すでに門司港沖でも輸送船が米潜水艦に沈められていたが、私は父の言動（意識的に家族を心配させない態度を執った？）から、父の身の危険を余り感じていなかった。昭和十七年、国民学校（現小学校）の卒業式は戦時色そのもの。親たちの服装も国民服（中国の高官がたまに着ているのと類似）とモンペであった。

昭和十七年二月に旧制中学の入学試験があり、名門神戸一中を受けた。何とか合格して両親の期待に応えたと喜んだ。たまたま父は船の交替時期で陸上勤務だったので、試験期間、発表日まで両親できてくれた。

当時一中では片親付き添いが普通（余裕のある家庭が多かったのだろう。私たちも中流だったと思うが、クラスメートには富豪の御曹司も何人かいた。芦屋の自宅にはプールがあったり、遊びに行ったとき門から屋敷まで五分くらい森の中を歩かされて驚いたことがある）であったが、両親付き添いは目立ったので、入学後、友達からからかわれてしまった。合格の名前を見付けたときの父の手のジットリとした汗の感触は、忘れられない。

憧れの一中生となり、戦闘帽に黄線一本入った制帽で誇りを持って麻耶山の麓まで鷹取駅から通った。まず教室風景。中学一年の時、代数でマイナス記号の計算が出来ずに困ったことがあった。先生（コンドル）の教え方にも問題があったのか、組の半数以上が四十点以下で、先生は涙声で一人一人に答案を返しながら「お前は戊！」「お前も戊！」と軽く頭を叩いた。私は確か五十点台で「お前は丙！」だった。トップは八十点で私は三番目くらいだったが、五十点はショックだった。先生の怒るというよりは情けないという涙声が印象に残っている。

国語の時間に先生を困らせようと仲間と話合って、「律義者」をとりあげ、何故歌留多にある「子沢山」なのか、その深奥の解説をひつこく迫った。「真面目な人は子供が沢山出来る、それだけのこと。大人になればわかる」と、のれんに腕押しの一幕もあった。亡くなれた江見先生の流暢な漢詩の朗読も印象に残る。特に頼山陽の「吉野に遊ぶ」は、今でも私の詩吟のレパートリーに入っている。二学期から剣道部に入ったが、色々な思い出がある。これについては項を更めることとする。

二年の時にシャツ一枚という指示が徹底しなかったために、上級生に屋上に全員集められ、私が代表で殴られた一件は忘れられない。その瞬間、頬からコンペートー型の火花が飛んだ。純情な我々は全員泣いて反省した。これも時代の一断面か。母は「ひどい」と私に同情したが、父は名誉なことと喜んでくれた。

翌年、弟も望みの中学に合格した。この時、父は黒龍丸にかわり大連に停泊中だったので、母は打電した。「ナオフミゴウカクキンキジヤクヤクミヤ」。私は後半の意味が分からず、母に質問している。弟の合格祝いの帰りに三人は諏訪山動物園で遊んだ。弟の友人の蓮池君も合格したが、本人は一人で発表を見に来ていてそこで別れた。我々が甘やかされていたのかも知れないが、その場では蓮池君を可哀そうに感じた。

父は散歩が好きだった。神戸に停泊中よく民情視察と称して商店街を回り、食べ物でめぼしい売り物があると家に報告に戻り、私たちが一緒に購買の列に並んだ。これも日曜日がうまく重なった時のみに出来ることである。父は家庭的でもあった。もっとも当時いわゆる飲み屋があったかどうか知らないが、とにかく停泊中の帰宅は早かった。海上勤務で普段は留守がちなので当然かも知れない。

よく家庭で麻雀をした。十代の息子二人と両親で一卓出来上がり。いわゆるアールシーアール式。これが私が社会に出てから意外に役に立ったものである。家にあった牌は本物の象牙製で、私が社会に出て、まだ牌が市場に出回る前、自宅に友人や部下を呼んだり、また社宅の先輩に貸して有り難がられた。トランプもよくやったが、主にツーテンジャックだった。母に大きなマイナスを稼がせて喜んだ。

父はまた俳句に親しんでいた。長い航海生活の無聊《ぶりょう》を慰めるためか、船員の間で俳句仲間が多かったらしい。号は始めは郷里の村名を採って稲葉、そのうち大素と変えた。私も少したしなむが、父に肖《あやか》って素風と号している。今でも覚えている父の一句、「かわしたる魚雷の跡や夜光虫」。いかにも戦時の幹部船員らしい。「九年母」と「ほととぎす」という雑誌に毎月投稿し、何句掲載になったかを楽しみにしていた。

母も夫唱婦随で習い始めた。ある春、私たち兄弟が風邪で寝込み、桜を見るどころでなかった時、たまたま裏はドイツ人の別荘で桜が満開。そこで母の一句。「子の病みて窓越しに見る桜かな」。父は名句だと褒《ほ》めていた。

予備役時のある夜、両親が浮かぬ顔をしていたが聞くと、ありぞな丸で南米航路に決まったよし。出帆後帰国まで半年の長い長い留守となるとのこと。出航が近づくにつれ募る寂しさ。いよいよ出帆の日。日曜日で見送りに出た。淋しい銅鑼《どら》の音とともに岸壁を離れる船腹、何百本の七色のテープ、腕に何本かの金筋の入った制服でデッキに立つ父の姿。そして船が見えなくなるまで岸壁の先に立ち尽くす母の後ろ姿。今ペンを執りながらも当時の淋しさを感じるくらいだ。

父は母に手紙の出し方、すなわちアドレスを記した封筒を準備し、いつ頃投函するなどと細かくマニュアルを残していった。二人はその他に電報で安全の確認と愛の交換をしていた。「ゲンキニインドヨウヲイクミチ」。ミチとは父昌道のみちである。そして久しぶりの帰国。半年振りに会う父「ただいま」。私はちょっと照れくささを感じたように思う。その南米航路の土産の蝶額は、現在、娘のピアノ教室のレッスン室に飾られている。半世紀をゆうに過ぎているが、色と輝きは褪せない。

私は父に叱られた記憶はあまり無いし、まして殴られたためしはない。母と口論しているのを耳にしたこともないが、息子の居ないところで何があったかはもちろん知る由もない。本当に私たちにも母にも優しい父だったと思う。ビール二本で顔を赤くして上機嫌となる父、時には母とダンス紛いの踊りを畳の上で演じた父。

そうだ。何度か同じ原因で叱られたことを思い出した。それは私たち兄弟がよく将棋をやり、「待った」で口論から取っ組み合い？　になった時、父は声を聞きつけて現われ、「そんなことで喧嘩をするなら、駒を燃やしちゃえ」と言うなり、駒を取り上げて風呂の竈《かまど》に放り込んでしまったことである。これは何度かあった。当時は石炭や薪で風呂を沸かしていた。今ならこういう処理の仕方は出来ない。なお、将棋盤の方は大きいので、火炙《あぶ》りの刑を何回か免《まぬが》れていた。

父の居ない日は、この種の喧嘩がどういう形で治まっていたのか記憶にはない。考えると父が在宅している時には、二人に自然と甘えが起きていたのかもしれない。恥ずかしいことだが、この悪い習慣は大学時代になっても残っていた。一緒に下宿していた休日に今度は碁を競ったが、これまたどちらからともなく勝負にこだわって軽い口論をしたことが何度かあった。さすがに大人だから取っ組み合いになる恐れはなかったが。何度かあったということは、すぐに仲直りをして懲りずにやっていたのだろう。

父は文章を書くのが好きだったようで、会報に時々、投稿していた。技術的な問題もあったようだが、私の記憶にある夕食後の父母間の会話と、古い本箱の整理中に見つけた父の所有書籍によると、父は商船学校出身者と海軍兵学校出の軍籍における階級差、同じ商船学校出でも航海士と機関士の進路差を取り上げ、改善案を提起していた。

分かりやすい例の一つは、一等機関士の上が機関長であるのに対し、一等航海士の上は船長で、機関科出身者は船長への道が無いことに不満があったようだ。父の案は一等航海士の上に航海長というポストを設け、船長には機関長からも航海長からもなれるシステムに変えることであった。私が今考えても合理的に思えるが、如何なものであろうか。

父は四十四歳のヴェテラン機関長で戦死したが、軍の階級は大尉であった。もっとも戦死で少佐になったはずであるが、当時の役所からは何も連絡はなかった。今となればどうでもよいことであるが、海兵出ならばさしずめ中佐か大佐ではなかったろうか。父の意見は完全に同格でなくても、もう少し是正されるべきではないかということであった。

母はこの種の投稿には反対していたようだ。何故かというと、その意見は存在するシステムに対する批判であり、会社における昇進にマイナスになる恐れがあるという理由であった。しかし、資料があったということは、父が自分の意見に忠実に行動したことを証明している。若い時に寺を飛び出して官費の大学に挑戦したスピリットが、中年になっても脈々と息吹いていたのだろう。父は立派だと思うし、そんな父を今でも誇りに思っている。

## (5)　父とばたびや丸

昭和十八年十二月三十一日、父はばたびや丸で機関長としてバンコックに出帆した。スケジュールとは言え、残酷なことと家族には思えた。親子四人で二日早く正月を祝って、父の航海の安全を祈願した。バンコック航路は二ヵ月くらいの予定だったが、すでに南方の制海権もなかったのか、海洋を進めずに中国本土沿岸伝いに帰国したため、三週間ほど遅れて神戸に着いた。

この時、日本は緊急事態になっており、食糧は逼迫していた。落花生油や細長いタイ米、皮のボストンなどの土産があったし、たまたま春休みだったので、たびたび父の船室で御馳走にありつけた。ただし母は遠慮していたので、もっぱら息子たちだけであった。父に云わせると、神戸沖のばたびや丸は、当時宝船といわれ、周りの船にも食糧を譲っていたとのことである。

さて、父は今回、中国沿岸伝いに門司に入港した時、ホッとしたと漏らしていた。次に瀬戸内海を神戸に向かうに際し、中学時代からの親友である船長黒田氏に精神的な疲労が溜まっているはずだから、水先案内をつけることを勧めた。船長は沽券に関わると辞退したが、説得してつけさせたそうである。父は今で言えば危機管理についても、周到な心構えの持ち主であったと思う。

バンコックの次はどこに行くかと思っていると、帰国後十日くらいでまた軍用船に徴用されることになった。船長は体調の不調を理由に退船した。母は遭難の危険性を予感して理由をつけて退船を勧めたらしいが、父の心意気というか、幹部二人が降りたらまずいと言う決心で留まった。これが結果として生死の運命を分けることになってしまったのだ。終戦後、栃木に居を構えていた元船長黒田氏が、父に線香をあげに来てくれた。

あの時、強引に下船すれば死ななくてすんだと恨めしかった。今度の船の役目はサイパンの邦人を連れて帰るということで、連日、船団編成の会議で父の帰りは遅かったし、少し疲れていたようだった。また、珍しく私たちにも笑顔を見せなかったように思う。この時すでに父は戦況から、遭難の危険性を感じていたのではなかろうか。すでに性能の良い輸送船は大方沈められ、ばたびや丸は船団の指導船となり、父はキャリアから船団で幹部とされ、いろいろ今流に云うとストレスにさいなまれていたと思う。

昭和十九年四月上旬、父は神戸からサイパンに出発した。南米やバンコックへ発つ客船と違い、銅鑼も無ければ、華やかなテープもない。父は、艀《はしけ》の艫《とも》に立って見送りの家族三人に手を挙げ、すぐ船室に降りた。父も寂しげであったし、私も何となく不安で悲しかった。そしてそれが父と私のこの世での別れとなってしまった。沖で父を待つ暗く化粧直しをしたばたびや丸。今文を書いていて、思わず当時の光景が瞼に浮かんで目頭にジンとくる。

船団はいったん横須賀に停泊した。数日の停泊期間があったのだろう。父は浅草の親戚(宇賀神芳次郎伯父、タネ夫妻)を訪問し、母と会いたい旨告げた。今ならジェット機もあるし、新幹線もあるが、当時はもう急行列車も全廃されており、時間はかかる。しかしもちろん母は急遽、上京した。戦時中なので、男といえ中学生二人の留守番は不安があり淋しかった。父母の横須賀での逢瀬は、言葉に表わせない寂しさと思い詰める切なさがあったと思う。父は始めて「子供たちを頼んだぞ」と云ったそうだ。心に期するところがあったのだろう。

母は二泊くらいで帰神したが、父はまだ浅草に寄っていると思って、翌日また訪問したそうである。母が子供たちのところへ帰ったと聞き、育ての母と息子たちの平和な家庭に安心し、「それでよかった」と呟いたと聞いている。考えれば母の結婚生活は、たったの四年半である。停泊期間だけを数えれば、実質一年くらいであったろう。母の人生は、父から私たち兄弟をバトンタッチするためにあったようにも思えるのである。

さて、船団はサイパンへの途中すでに攻撃され、何隻かは沈没した。ばたびや丸に助けられた船員の一人が夏頃、家に来て話してくれたところによると、本人はサイパンから何かの便で帰国できたが、ばたびや丸はトラック島に行ってから帰国となったので、少し帰りが遅れるとのことであった。この追加計画が父の運命を決めてしまったともいえる。

ばたびや丸は昭和十九年六月十二日にサイパンの引き上げ邦人を乗せたまま、サイパン上陸の米機動部隊の空海両面からの攻撃にさらされ、護衛の駆逐艦数隻、約十艘の船団ともども海底の藻屑と消えてしまった。トラックへの追加航海が無かりせば！　これは残された遺族の儚《はかな》い思いにすぎない。

実は終戦後、父の戦死した同じ日にほぼ同じ海域で襲撃され、漂流中にアメリカの病院船に救出されてハワイで捕虜生活をしていた人が、宇都宮の近くの烏山にヒョッコリ帰国し新聞種になった（現女優荻野目洋子の親戚）。何か情報が聞けるかも知れないと思い、寒い日だったが母と二人でその家を訪問し、かなりのことがわかった。

たまたまその人は、自分の船がやられ、ばたびや丸に引き上げられて甲板にいたそうで、機関長（父）が足に銃弾を受けながら、甲板上で指揮を執っていたのを見ていた由。ばたびや丸は船団の中では優秀船だったので、襲撃された時点で船団から高速で離れて待避を試みたらしいが、もちろん飛行機の敵でなく、魚雷などで傾き始めた由。

その人が最後に見た父は、タラップを操舵室に登る姿だったと聞き、私は父を身近に感じた。その話を直接聞くまでは、どこかの無人島で生きていて、ヒョッコリ「ただいま」と帰って来ていないかという期待を持ちながら通学していたが、これを契機として諦めた。（父

の最期の様子について聞いたことを、拙著近代文芸社『ブラボー！　古稀の旅三昧』に記述した）

話は戻るが、父は遅くとも六月には帰ると非公式な話として聞いていた。ところが、その六月にサイパン米軍上陸があり、嫌な予感はしたが、もう少し早くサイパンを発っているはずと期待して待っていた。予定を過ぎても戻らないので、父の友人や会社に問い合わせても、秘密だったのだろう、一切不明の回答。秋頃、一人の父の友人が訪れ、母と長く話し込んでいた。私は二階で勉強をしながら何か胸騒ぎを覚えたものだ。

果たしてその方が帰られた後、母は私たち二人を仏壇の前に呼び、線香を上げさせた。母はまだ泣いてなかったが、厳しい顔つきであった。私はすぐ父戦死と理解したが、弟は意味が分からなかったそうで、長男と次男の差かなあと思ったことがある。

その友人に下級船員を紹介され、台湾の果物の購入を頼んだことがある。受け取りに船を訪れ、食堂で昼飯を食べた。麦飯に味噌汁、茄子の煮付けという簡単なものだったが、満腹感を味わった。ただ父の船室での豪華な食事は、来客用なのか階級による差なのか知らなかったが、この差は何だろうかと感じさせるところがあった。

後に述べるが、海軍生徒となり、生徒や下士官以下と将校教官との間に食事の質がかなり違うということを知り、旧軍隊の階級制度の厳しさを実感したが、当時の日本の社会システムは、すべてそうだったのかも知れない。会社でも職員と工員の区別があったし、地主と小作人、その他上下関係が厳然とあったのであろう。

当時の食糧事情は、今では想像できないレベルで、ご飯を水増ししてお粥とし、水っ腹にして短時間の満腹感を味わう工夫をしたり、大根や臭い海草を米と一緒に炊いて米の量を極力減らした。まだうどん屋等は営業していたが、盛りが少なく、丼三倍食べても足らないくらいだった。

という状況で、栄養的には澱粉が足らず、私の体重の増加も止まっていた。就学前にずば抜けて大きかったのに、中学三年生では組で小さい方から五番目くらいで、後に受験する海軍の学校の最低基準ギリギリの小ささであった。

## (6) 遺族として

結婚後四年半、中学生二人を抱え、三十七歳で戦争未亡人となった母は今後の生活設計に悩んだであろう。夜二階で勉強中、階下から母の嘆きともとれるため息をたびたび聞いた。当時、山口女専の教授をしていた叔母（前述）が母の強力な相談相手になっていたと思う。残された親子三人は、空襲の危険のある神戸を後にして、故郷の栃木に疎開することとなり、同年十二月に引っ越した。今度は母の姉夫婦（宇賀神豊治、あや）の一部屋を間借りした生活が始まった。この引っ越しについては、想い出の旅として別項に譲ることにする。

私は疎開前の昭和十九年十二月に海軍経理学校を受験したが、それは父の戦死の内報を受けた後のことだった。父の意志を継ぐなどの大それた気持ちはなく、ただ若者の憧れを自分で達成したかったからにすぎない。昭和二十年一月から三月まで、私は旧制宇都宮中学に転校し、学徒動員で中島飛行機（株）で陸軍の疾風の製作に従事した。朝七時から十二時間労働だった。

昭和二十年四月、晴れて海軍生徒となり、将校の卵として奈良県橿原でエリート教育を受けていたが、ある日の夜、平岩分隊監事から呼び出しがあった。その日、ことさら悪事を働いた記憶がなかったので、何かと訝《いぶか》りながら教官室をノックした。母からの一通の葉書。父戦死の公報があったとの知らせ。戦死から一年経っていた。覚悟していたことであり、すでに涙はなかった。監事は私に同情し、「分隊監事を親父と思え」と激励してくれ感激したことを覚えている。このことは後に海軍の想い出集に寄稿したことがある。尊敬したその分隊監事も、病魔により世を去り、すでに二十年になる。海軍生活については別項に譲ることにする。

海軍から宇都宮中学に戻ったが、戦後のどさくさで父の遺骨が還らない。サイパン沖に沈んだのだから仕方ないと言っても、葬儀が出来なかった。前述の松島の伯父が県庁に掛け合って、〝遺骨〟を出してもらった。休暇届けを出し、県庁に出頭した。まだ戦後間もない頃だったので、遺骨を白布に包んで首に掛け、東武宇都宮駅の駅長室で休息を取り、やがて最寄りの壬生駅に着いた。誰が連絡してくれたか知らないが、小学生が駅頭でブラスバンドで出迎えてくれた。戦中と同じく英霊として扱ってくれたことに感激した。

ともあれ遺骨が届いたので、葬儀を営むことが出来た。私は十六歳だった。なお、白木の箱には、篠原昌道の霊と印刷された薄紙が一枚入っていただけだった。

父の退職金が支払われた。数万円あったと記憶している。会社も多くの船を失い甚大な損失を受けたし、何しろ戦後のどさくさの頃だったが、手順よく支給されたので、大阪商船という会社は立派な会社だと感心し感謝した。当時のこの金額は大変な額で、普通の住宅が何軒か買えたらしい。校長先生の月給は、多分百円以下ではなかったろうか。

しかし、まもなく新円切り替えがあって個人の預金枠に制限が設けられたので、母は何人かの親戚に口座を分散して、貴重な父の遺産の防御に努めた。だが、怒濤のようなインフレにもまれ、この財産はアット言う間に無くなってしまった。すべてを郵便局に預けてしまった財テクについての無知の結果である。今考えると、当時少しでも土地、住宅あるいは株にでも投資していれば、もう少し余裕ある生活が送れたのではなかろうか。とにかく、母子家庭の無知と決断の無さの結果といえよう。

父はどちらかというと背はそれほど高くなく、百六十五センチメートルくらい？　しかし体重は七十―七十五キログラムあった。健康に恵まれ、病気をしたのを見たことがない。家族三人の看病をしてもらったこともある。また、外国で仕入れるのか、持ち物は上等であった。カシミヤのコートや背広も何着も持っていた。当時は学生が背広を着ることはほとんどなかったので、学生時代には不要だったが、母は父の戦死後も何着か整備していて、息子二人の就職時に出してくれた。

初任給で背広一着がやっとの時代だったので、経済的には大助かりだったが、百七十センチメートル、五十三キログラムのスマートなフレッシュマンには、太めの父の背広は如何にも丈が短く、ある人に「篠原さんはまだ生長中ですか」と云われたことがあった。私が背広を新調したのは、入社後二年経ってからである。今では考えられないことだ。弟の背丈は父クラスだったので、まあまあ見られた姿であった。母子家庭の一面を物語るエピソードであろう。

これで父の想い出は終わる。父が逝ってからもう半世紀以上の月日が流れた。そして母も一九九六年十一月に九十歳の天寿を全うし、天国に旅立った。今は父と久方振りに逢瀬を楽しんでいるだろう。

（一九九六年十二月記）

# 剣道との付き合い

「こら！　お前、そこのお前だ！」。剣道のマスゲームで一人ペースがずれていたのでしょう。おこごと。「なに、知らない！　どこの学校だ」「神戸の若宮国民学校です」。当時は小学校のことを、こう呼んだのです。

当時剣道は、国民学校の必修科目だったそうですが、あいにく担当の先生が胸の病で他界されたので、私は中学校に入るまで、少なくとも学校で木刀を正規に握ることすらなかったため、中学入学後の最初の武道の時間で、この一件となったのです。自分自身よりも出身校を傷つけられたような口惜しさがありました。そして一学期の武道は丙の評価をつけられました。しかしこの一件が、少年の反抗心をかきたて、それならばということで、さっそく二学期に剣道部の道場の門をたたいたのが、大袈裟にいうと、この道に足を踏み入れたきっかけになった次第です。

ところが、意気込んで入ってみたものの、鉄拳制裁が黙認されていた戦時中のこと、稽古は凄まじく、まさに血を吐く苦しみの連続、文字通り毛のはえかけた程度の体力で、大人になりきった上級生（当時は五年生まであった）に向かうのですから、これは当然のことです。週一度の同級生同志の試合の時間のみが救いでした。それなら何故やめなかったのか？　それは退部時のリンチに、苦しみ以上の恐怖を感じていたためです。

無茶苦茶な殴打で、失神すればバケツで水をぶっ掛けて起こしてまた殴打、奥歯が抜けるなど茶飯事。今の世なら警察沙汰になるリンチでした。部の上級生には、たまに護身用としてドス（短刀）を持ってくる人がおり、その刃の鈍い輝きに不気味さを感じたこともありました。そういう時代だったのです。

今考えると、上級生としても部を管理し、発展させるという目標を達成するため、まず退部を規制した上で稽古のシステムを確立し、部の運営をしていたのでしょうが、私たちがまだ新入生なるがゆえに、信頼し合う人間関係が出来ていなかったように感じられます。しかし、これはいくら戦時中とはいえ、今考えても管理する上級生側に非を認めざるを得ません。

約一年たち、やめる人はやめ、同級生の入部者もとだえて、私たち同級生部員が十三人にフィックスされた頃から、上級生の我々に接する態度に変化が見られてきました。「この頃チトト、ヘンじゃネーか」と、仲間と噂し合ったこともありました。十三人のチビ剣士たちも、よくまとまって頑張りましたが、一方、今までコワかったO先輩、K先輩の言動にも厳しさの中に、人間味が感じられるようになったのです。

同じ人間同志のつきあいで、短期間で何故こう変わったのでしょうか。今考えると一口にいって、「この後輩たちは俺たちについてきている。これなら、いずれ部を託せる」と、信頼してきたからと思うのです。

この頃になると、仮に上下の間に何かトラブルの芽があっても、鉄拳でなく、笑顔で処理してもらえるようになりました。話しにくいことも、たのんで理解してもらえるようになりました。現代流にいえば、人間関係ということですが、団体生活の上でお互いの信頼感が如何に大事かということを物語っていると思います。

烈しい稽古の後で、汗に汚れた稽古着のまま学校の裏山にかけ上り、蚊にくわれながら歌ったり、だべったり、時にはかの上級生からHな話を教えてもらって好奇心を擽《くすぐ》らせたものです。また同級生の大西君のボーイソプラノの「湖畔の宿」は、恐かった上級生を唸らせたものです。

ある日曜日に校内で剣道部の懇親会があり、先生を一人お招きして、上級生から下級生まで楽しい一日を過ごしたことがあります。私たち低学年が団体で無邪気なY歌をやり、後で上級生は、先生に「しっかり指導せい」と叱られたらしい。当時流行《はや》っていた「艦船勤務」の「朝だ夜明けだ――、海の男の艦船勤務、月月火水木金金」をもじって「新婚勤務」とし、「夜だ真夜中だ丑三つ時だ――、新婚夫婦の絶対勤務、月月火水木金金」とやったり、さらに一歩進んだ歌として、「会いたい、顔みたい、話したい、寝てみたい、〇〇してみたい」と、エスカレートしていく歌詞を大声で歌い上げたものだから、先生も苦笑を通り越したのでしょう。今ならどうと云うこともない歌詞ですが、これも戦時中だったからのエピソードと思います。

戦局が急を告げ、間もなく学徒動員で、私たちも労力奉仕をするようになったため、私の剣道とのつきあいは残念ながらここでいったんとぎれたわけです。昭和十九年六月頃でした。

別章に述べたように、私は父戦死の内報を受けたので、昭和十九年十二月に父母の郷里栃木に疎開することになり、一中の剣道部の友人たちとも別れることになりました。李家君の家で送別会を開いてくれて、夜遅くまで騒いだ想い出があります。色気がつき始めた年頃でしたが、真面目でアルコールはなしでした。誰の発案かで連想ゲームとなりました。ある言葉について連想した文句を無記名で出しあい、誰の文句か当てるゲームです。どういう弾みか「アナ」で行こうとなりました。少年の気持ちに多少、H心があったことは確かです。

一番軟らかさで自他ともに認め合っていたN君は「風穴」、成績優秀のM君が何とズバリの「差し込むところ」、超真面目で聖人のあだ名のS君が何故か「長なすび」、そして私はユーモア？ で「付近に密林あり」。全員、N君に大クレームの爆笑でした。我々三年生の仲間はまだ一応純真で、遊び心はこんなところだったのか想い出して苦笑させられます。

散会の間際に李家君のお父さんが部屋に来られ、旧制一高の寮歌を歌って下さったのが想い出されます。

時はうつり、日本油脂武豊工場の課長時代、昭和四十五年に大学後輩の服部君の申し出を受けて、工場に新しく剣道部が誕生することとなり、私が積極的に動いたのは若い頃の経験があればこそです。そして若やいだ気分で威勢のいい部員と竹刀を交えてみたところ、かつて体でおぼえた手足のバランスがまだどこかにたくわえられていたようで、意を強くしました。

その後も時折、道場に通うのを楽しみにし、遂に四十歳にして初段をとることが出来ました。入段試験は何と中学生との試合でしたが、試合中、余裕をもって戦えた記憶があります。脇腹、腕に残る数条の紫赤色のあざを風呂につかって眺め、「こればかりは〇十年前と変わらネー」と思わず苦笑させられましたが、ただあざの回復は色、痛みとも年をとっただけちょっと遅かったようです。

（日本油脂「剣道部部誌」No.１一九七三年一月）

# 想い出の旅

最近は交通機関が発達し、十数時間のフライトで欧米まで飛べるし、陸路でも新幹線で快適な旅が楽しめる。私も何度か国内外を旅してその恩恵にあずかってきたが、想い出の旅を一つと言われれば、昭和十九年の十二月に神戸から郷里栃木の壬生まで親子三人での旅には、楽しさでなく特別の感慨がある。

輸送船の機関長をしていた父が、サイパンの沖合で六月に戦死という内報が秋に入った。私は中学三年、弟は二年、母は三十七歳だった。すでに東京はB29で空襲されていたし、神戸も何度か警報が鳴る情勢になっていた。私は少しは相談相手にはなったが、母は最終的に親戚と相談し、郷里に引き上げることとなった。

十二月の十日頃を引っ越しと決め、数日前から荷造りに入った。私は子供の時から鉄道に興味があったので、乗車券の準備を担当した。当時はすでに長距離切符には発売制限があったが、疎開という申請だったので、区役所で直ぐ許可された。私はルートとしては、空襲を避けるため東京を通らず、北陸線、信越線、両毛線経由の切符を購入した。

ところが、荷物発送の日になっても引き取りに来ないし、何度か問い合わせても埒があかない。一体どうしたと、やかましく問い質《ただ》したら、大地震があり、天竜川の鉄橋が落ちたので、東海道線が不通とのことでビックリ。荷物を隣組に頼んで「さよなら」と言うわけにはいかないので、その開通を待つしかなかった（地震は十二月七日、東海地方を襲った「東南海地震」。マグニチュード七・九、約千二百名の死者が出たが、軍機として一切報道禁止）。

やむなく荷物を一部解いて最小限の調理用具を出し、食事だけはせざるを得なかったが、転校の手続きは済ませていたので、学校に出る（学徒動員中）こともなく、梱包された荷物の中で、親子三人やるせない生活が続いた。記憶では十二月二十五日頃、ようやく荷物が出ることとなり、その翌日、出発となった。やれやれの気持ちだった。

北陸線の列車は大阪始発で、確か夕方の発車だった。当然本数も少なく、座席取りに並ぶので早目に出ようと昼頃、世話になった隣組の人に別れを告げ、須磨駅に向かった。隣組のうち二人は大阪まで見送りにきてくれた。実は翌年三月の神戸大空襲で家の付近一帯は全焼し、隣組で一軒だけ親娘二人が塀の下敷になって死亡した。我々は父という最大の犠牲を払ったが、せめて残された親子三人、元気で荷物ともども引き上げられたことを喜びとした。

発車前何分かに乗り込んだが直ぐ満席となり、通路に大勢立つ混雑だった。我々は並んだ甲斐があって三人とも座席がとれたが、二人と一人に別れ、通路を挟んだ席となってしまった。ほどなく通路もビッシリとなったので、お互いの顔も見えない。それからもう一匹、家

1944年、疎開を前に自宅門前で（右端が著者）

族同様に可愛がった愛猫マリ（当時三歳）をバスケットに入れて持ち込み、座席の下に置いた。水はどうしようもないので、パンを二―三個、中に入れておいた。

想い出多い関西での生活に別れを告げて、列車は静かにホームを離れた。間もなく誰かが、「これだけ混んでいるのだから、三人掛けにしませんか」と大声を上げ、誰からともなくそれに従うこととなった。我々は二人掛けの椅子に、親子三人並んだ。通路側の一人は横向きに通路を向いて座るのである。確かにこれで座れる人が五十パーセント増しとなるので、混んでいる場合は現在でも使える方法である。

冬至の頃で、直ぐ日が暮れ始めた。もちろん急行もない時代なので、各駅停車である。琵琶湖を過ぎてほどなく、虎姫駅で雪が舞っていたのをよく覚えている。なけなしの米を使って精一杯のおにぎりを持ち込み、三人でささやかな夕食。決して楽しい旅でなく、父を失い、まだ住んだことのない郷里へ向かう夜汽車。不安に包まれていた。

マリはバスケットの中でさぞびっくりして恐れおののいているのだろうか、不思議と静かである。時々声をかけるが、車内の雑音で果たしてどの程度認識していたであろう。夜中に一度便をさせるべくそっと蓋を開けて出してやろうとしたら、飛び出したのはいいが、慌てて直ぐ引っ込んでしまった。見たことのない環境にびっくりしたのだろう。小はしてもバスケットの隙間から流れたであろうが、不思議と大は翌日までしていなかった。恐怖で大腸が機能しなかったのだろうか。

夜行なのですぐに夜の帳《とばり》が下り、列車は北陸路をひた走った。三人で何を話したかはまったく記憶にない。五十六年前の話である。眠ったと思う。気がついたら早朝四時頃だったろうか、間もなく直江津という放送があった。

真っ暗な直江津のホームに下りた。暖かい神戸に育ってきた少年の、経験したことのない底冷えが全身を貫いた。すぐに接続列車がホームに入ってきた。もちろん各駅停車である。比較的空いた列車で、四人掛けに三人で座った。徐々に夜が明けてくると、今度は神戸っ子の見たことのない雪景色。屋根まで積もり、尚《なお》降り続く真っ白な雪。山も野も畠も一面白一色。今でもその印象は、鮮やかに脳裏に焼きついている。信越線の印象はその一点のみ。

高崎で両毛線に乗り換える。すでに夕方だった。栃木で東武線に乗り換え、壬生駅に着いたのは夜の七時頃ではなかったろうか、すでに真っ暗だった。神戸を出てから三十時間以上の長旅であった。

ようやく壬生の改札を出て、三人で荷物を手分けして持って歩いた。歩き出して三人で何か話したのだろう。急にバスケットの中のマリが大きな鳴き声を出したのである。今まで恐怖の三十時間を、狭いバスケットで過ごしていたが、ようやく外で家族の声を識別したのであろう。可愛いやつと思う一方で、利口なやつと感心した。

私は栃木には一年住んだが、壬生に住むのは始めてである。宇賀神豊治、あや（ミヤの姉）伯父伯母の家に間借りをすると聞いていたが、客として訪ねたことはあるものの、どんな人か詳しくは知らない。転校の不安もある。駅から新しい住家までの十五分間、これからの生活についていろいろな不安を感じながら歩いた。長男として母を助ける義務感のようなものも感じていたことは覚えている。その母も四年前に九十歳の天寿を全うした。またマリもそれよりかなり前に、猫としては長命の十七歳で生涯を終えている。

余談となるが、母とマリについてチョット追加しておく。マリは鼠取りの上手な猫で、〝女盛りの〟神戸時代には、子を孕んで苦しそうな時でも、カタッと物音がすると、押入れの前でジッと待機し、時期を選んで飛び込み、獲物を捕らえていた。

母が一番可愛がっていたが、母の帰りが遅くなった夜、ある時にスッと炬燵から抜け出して玄関に座る。と五分くらいで、かならず母のお帰りとなるのである。如何なるセンサーで母の接近を感知するのか、微かな音か、あるいは匂いか。今も分からない。私が知らないだけで、猫の世界では常識なのだろうか。マリの晩年、母は骨を除いた煮魚をその口に入れてやっていたし、その臨終には涙を流しながら徹夜で立ち会っていた。

（二〇〇〇年八月記）

# 海軍生徒としての百四十日

## (1)　海軍で学んだこと

私は昭和二十年四月、十五歳で海軍経理学校に入校し、四ヵ月半、将校の卵として教育を受けた。敗戦で帰省、元の中学校に戻り、後に大学を出て技術系企業マンとして働いた。旧海軍について、もちろん侵略戦争と言う軍の大方針をどうこう言う立場になかったが、今、企業の経営や若者の教育と言う切り口から考えると、その手法には意外に学ぶべき点が多く、私も常に企業の幹部として活用してきた。

まず広報活動。夏休みに先輩が七つ釦《ボタン》の真っ白な軍服に短剣、白手袋で来校し、講堂で「海軍はイイゾ！」とブツのである。純情な青年は、イチコロで志願する。国のためなどと大それた精神よりも、格好良さに憧れたと思う。実は私はその一人であった。

1945年、海軍生徒の正装で

　私は父が海軍系という家庭環境の影響を受けたが、海軍と近視を掛け合わせれば海軍経理学校と云う解になるという単純な動機で憧れて受験した。譬《たと》えはあまりよくないが、現在若い歌手たちが奇抜な衣装でステージで絶唱し、フロアの若者が狂喜乱舞するのと共通点があると思う。要するに海軍は若者の心を巧みに捕まえていたのだ。企業は市場を狂喜乱舞させるのにはどうすべきか。広報が一つの鍵を握る。

　当時は巷では英語は敵国語という理由で軽視されていた。しかし、海軍では逆に国際語としての英語教育に力を入れていたのである。英語は今も最も重要な国際語である。私は常に社員に身銭を切って学習せよと訴えてきた。

　軍隊なので当然だろうが、競技では団体戦を重視した。例えばマラソンでも山登り競争でも、平均値でなく、グループで誰かビリッケツを出したら負けというルールである。激しい教官は、負けた自分の隊員を全員、夜中に起こして制裁を加えていたが、この辺りには正直言って当時も抵抗感があった。また巷では武道のみが奨励されたが、海軍ではバレーや野球も盛んだった。要するに、必要なことはヤルという一本筋が通っていたようだ。

現在、企業の安全管理の基本は整理整頓であるが、この点も徹底的に仕込まれた。各人の洋服タンスでは、制服から下着までをきちんと畳んで重ね、豆腐の切り口のように端を揃えておかないと、巡回将校に崩され、夜呼び出しがあって鉄拳制裁を受けるのである。狭い軍艦の中で、危険な火薬などを扱う環境に耐えるための訓練だったのだろう。工場勤務時代、この経験を引き合いに出し、もちろん鉄拳はなしで現場を繰り返し教育したものだ。

それから時間厳守も厳しかった。かならず五分前集合である。一人のズボラな者のために出航が遅れることは、艦隊の作戦の齟齬を来すし、生命にも関わる。企業でも会議に遅れる常習犯がいるが、一度公衆の前でガチンとやっつければ、大抵は治癒する。

朝六時には起床ラッパ。緊急訓練と称して三十分早起きを強要した若気の当直将校もいたが、逆に我々の疲労を配慮し、三十分起床を遅らせてくれた温情味豊かな将校もいた。旧海軍にもイケイケばかりでなく、色々な性格の人がいたのだ。

学徒動員で授業を受けていない生徒を受け入れたのでは、海軍の教育が出来ないという理由で、我々の年代から一年若く海軍生徒になるシステムが発足したが、その計画担当は二十九歳の大尉であったし、生徒の命を預かって親身に教育をしてくれたのは、二十五歳以下の若い将校たちだった。現在で言えば、まだ学生である。年に関係なく、能力のある人には責任と権限を与えて仕事をさせていたと思う。今様に言えば、能力主義が実践されていたと言える。

1945年５月27日（旧海軍記念日）。海軍経理学校の儀式

敗戦で現在一方的に悪者とされている海軍にあっても、中間管理層の力は相当なものだったと思う。戦後の復興に当たって、これら先輩たちはそれぞれ民間に散り、その経験を別な道に活かし、大きな力になったことと信じている。

## (2)　入校試験

神戸一中の三年。昭和十九年の十二月三〜四日頃、品川の本校で採用試験があった。それまでは、海軍の採用試験は、各地で身体検査を皮切りに学科試験が続き、毎日何割か落としていったはず。軍人の卵なので、いくら学力があっても、身体の規格に達しないものは、学力試験をうける権利がないというシステムである。

どういうわけか、予科生徒は全受験生を

品川の本校に合宿させて採用試験をした。

依藤君、元岡君（合格後辞退）、一級下のS君（不合格）と三人で大阪から夜行に乗る。同県の豊岡中等の受験生も十数人いたようだった。

品川の校舎で、身体検査、学科試験があった。受験写真は、猿股《さるまた》一丁のセミヌードであった。

私は今でこそ百七十一センチメートル、六十五キログラム、理想的？な体型だが、当時は晩稲《おくて》だったのか、百四十センチメートル、四十キログラム（肺活量と握力は余裕充分）しかなく、体調によっては体重の下限四十キログラムを切ることもあった。下痢をしようものなら、すぐアウトである。

当日はまさに真剣、正直言ってトイレにも行かず、水を我慢して大量に飲んで恐る恐る体重計に上る。四十・三キログラム！「ヤッタ！」と、心の中で思わず叫んだのはいうまでもない。その後のトイレの快さは、私でないと分からないでしょう。

面接で「なぜ海軍を」の問いに、「日本は海に囲まれているから重要」とか繕《つくろ》った気もするが、格好いいからというホンネは吐けなかった。

確か前日は品川駅前の京浜ホテルに一泊したと思うが、二日目、兵舎に泊まった夜、空襲があり、防空壕に避難したのも一つの経験、気持ち良しとは言えず。

十九年十二月末に栃木県に転居し、宇都宮中学生として、「カイケイリゴウカク」の電報を入手したのは二十年の二月頃か。天にも昇る気持ちだったのが忘れられない。

## (3) 敗戦後の陸戦演習

終戦の詔勅を聞いた昭和二十年八月十五日を挟んで数日間、入校以来始めての大規模な野外陸戦演習が挙行された。おそらく教官の間で、演習を続行すべきかどうか議論が分かれたことだろう。若手の将校たちの強行論が大勢を支配したのだろうか。

演習は橿原神宮の境内一帯で、二部隊に分かれて戦われた。明け方まで敗戦の悔やしさを忘れ、汗にまみれて無我の境地で打ち込んだ記憶がある。

軍装に身を固め、威風堂々と六百名の若武者が、敗戦の虚脱感のある八木市街を神宮まで行進したが、街頭の市民からの好奇ともまた、非難ともとれる強烈な眼差しを身に感じた。

演習はシナリオ通り進行したようだが、正直言って詳しくは覚えていない。ただ私を含め数人にはエピソードがあるので紹介しておこう。

実は夜戦に入り、私を含め三〜四人が斥候に任ぜられ、敵の偵察に出掛けたのはよかったが、原隊に帰着できず迷子となってしまった。

ふと見ると、二百メートルぐらい先に大部隊がいるではないか、敵？　味方？　闇に乗じて近づくと敵の旗印、やばいと胸の高鳴りがあった。咄嗟に決死隊となって敵将と刺し違えようと話がまとまり、茂みづたいに本陣に近づき時機をはかった。ラッキー！　敵将が部下三〜四人を従えてこちらに歩いてくるではないか。

息をのむこと十数秒、我が決死班は、やおら飛び出し、敵将めがけて突進、「ヤー！」と敵将を銃剣でひと突きと思いきや、「何だお前たち、お前たちは戦死だ。そこで待ってろ」と敵将の言葉。

自分たちはもちろん戦死覚悟であったが、その前に敵将自らも先に倒れたはず。我々は大いに不満であった。まったくシナリオにない出来事だったと思うが、本来なら勲章モノであったろう（残念ながら敵将の教官名は思い出せません）。

ほどなく信号ラッパの音で演習完了。我々も息を吹き返して原隊に復帰した。メデタシ、メデタシ。

演習終了は夜明け近かった。指令官の訓示が終わる頃には、すでに日は昇っていた。我々は、汗と砂埃りにまみれた体に朝日を浴びながら、前日と逆に街道を八木町の校舎へと凱旋した。

## (4)　あの時のあの一言

生長盛りの十四から十六歳の集団だから、訓練の厳しさも加わって食欲はまさにというか、すさまじいばかりであったと思う。「タッタカタッタ、タッタカタッタ、ターカターカター」のラッパがいかに待ち遠しいことであったか。

決してご馳走ではないが、魚、カレー、タマネギの煮付け（頻度多し）や、うどん、混ぜ飯、味噌汁、ケンチン汁（これも頻度大）など、たぶん栄養は満点だったろう。私は「入校試験」に記したように、二十年四月に四十キログラムだった体重が三ヵ月で四十八キログラムに太っていたのは驚きの至り（小さな体格で体力的に相当疲労したはずなのに）。

なにしろ麦飯だが、生徒は一日六合と聞いた。アルマイトの容器にテンコ盛りだった。一般の水兵さんは四合とのこと。いかに生徒の将来に期待していたかということがわかる。噂では将校は白米食ということであったが。軍隊のヒエラルキーを感じた。

一つの想い出を記しておきたい。

ある昼食の膳に饅頭が二個ついていた。故小谷教官が「これは砂糖ではなく澱粉糖を使った。軍隊でも普通は入手できない。俺が特別に手を回した。将校とは一般の人ができないことをやるところに意味がある。誰もがやれることをやるのに、将校は要らない」と静かに説かれた。

十五歳の毬栗《いがぐり》頭に、このセリフが強烈に響いた。企業マンとして四十六年間の生活の間ずっと、この一言を座右の銘とし、将校というところを、管理者、幹部、役員にそのまま置き換えて何回か使わせていただいた。そのたびにあの小谷教官の太った体軀、厳しい眼差しを想い出していた。

昼食時に、菊の御紋章が機銃掃射をうけたことがある。突然の来襲で、バリバリという轟音のあとに、飛行機の騒音が続いた。咄嗟に机の下にもぐり、怪我人はなかった。五十年の間、畝傍《うねび》の旧兵舎を訪れ、正面に残った銃痕を仰ぎ見て感慨にふけること幾たびか!?

## (5) 心に残る歌

大きな希望と意欲をもっていた若人海軍生徒にとって、八月十五日の敗戦の詔勅はまさに青天の霹靂《へきれき》。さて、占領軍が上陸するまでに生徒たちを帰省させるということとなり、急遽、解散の諸行事が組まれた。最後の晩餐会もその一つであった。全校生徒が一堂に会する公式の席で、何人かの教官が挨拶をされたはずであるが、残念ながら内容に記憶はない。

ただただ興奮と緊張と言う状態だったのだろう。宴の後、各教室に集まり、お互いに何か大声を出す欲望に駆られ、自然に軍歌となった。戦時中の将校の卵、当然ながらレパートリーは狭く、同期の桜、海ゆかば、それから軍歌の中でも哀調を帯びた橘中佐や楠公父子、さらには経理学校校歌などの大合唱となっていた。

同じ歌を何回か繰り返し、どのくらい時間が経ったろうか。担任の平岩教官が、正装に長い軍刀を下げて静かにすっと入ってこられた。恩賜組（主席卒業生）、当時まだ二十四歳の海軍大尉だった（旧軍隊組織は若くても才能のある人間には、大きな責任と権限が与えられていたと思う。同期生全体六百名の実質的な指導責任者は、やはり恩賜組の三十一歳の海軍少佐だった）。

一瞬、静寂が訪れる。教官は教壇でしばらく無言。精神教育の名の下に鉄拳が常識となっていた軍国時代であったが、彼の哲学かほとんど生徒に手を出さなかったし、訓練のため夜中に非常呼集を掛ける当直教官もおられる中で、彼の場合は逆に生徒の疲労を配慮して普段より三十分起床を遅らせてくれることがたびたびあった。

別な面を紹介すれば、軍艦勤務時代には厳寒の甲板洗いでは将校の身分でありながら、率先して素足で立ち回り、水兵さんたちに範を垂れたという逸話の持ち主であることから分かるように、厳しさの中にも人情味を兼ね備えた人格者であった。

我々は今この機に臨んで、教官から最後の厳しい訓辞があると緊張して注視した。ところがである。教官は挨拶もなく、静かに低い声で歌い始めた。「一ノ谷の戦破れ、討たれし平家の公達哀れ、暁寒き須磨の嵐に、聞こえしはこれか青葉の笛」。私たちはその哀しいメロディーと歌詞に、敗戦の悔やしさ、自らの意志の挫折と別れの切なさ、淋しさで強烈に胸を掻きむしられ、感動の涙が止めどなく頬を伝った。

教官は歌い終わってしばらく無言だったが、「これからも郷里に帰って頑張れ」の一言のみで静かに教室を離れた。

思えばマリアナやフィリピンの海戦等で惨めな敗戦を経験して、プロとして自軍の劣性を実感した後、転じて後輩の教育を担当中に敗戦を迎えた。若きエリート将校としての心情は如何ばかりであったろう。

その教官は終戦後、実業界で活躍され、私は公私とも大変お世話になったが、昭和五十年に五十四歳で惜しくも癌で他界された。私は今でも半世紀以上前のあの校舎の一齣《ひとこま》を鮮烈に思い出すのである。

## (6)　敗戦そして復員列車

敗戦で当然、軍の学校は閉鎖解散となる。入校後僅か四ヵ月半だった。マッカーサーが日本に到着する前に、まず関東以北の生徒を帰そうということになり、私は帰省第一陣になった。

桜井線畝傍駅を発ち、京都に向かう車窓から奈良盆地の田園越しに、想い出多き兵舎と、屋上で軍艦旗を振る同期の桜の夕日に映えるシルエットは、今も目に浮かぶ。

京都駅は混雑を極めていた。次々にホームに入ってくる各上り列車は、すべて復員兵でデッキまで超満員、窓から乗ることも出来ない有様。とにかく「乗りさえすれば何とかなる」という気持ちで一時間くらい待ったか。意外にも貨物列車が停車した。と、思ったら扉が少し開いていて人影がする。咄嗟に乗り込んでしまった。

床に腰をおろして「やれやれ」の気持ちで汗を拭った。もちろん窓も灯りもないので、両扉は開いたままである。これから夜汽車になる。私は車外に振り落とされないように、床の中央部に陣取った。さすがに満員ではなく、同乗の兵士は十人ほどだったろうか。

直ぐ夜の帳が下りたが、箱の中はほとんど真っ暗。貨物列車は快調？　に東海道をひた走ったのだろうか。さすがに気疲れで眠ったのだろう。気がついた時はすでに日は高く、確か横浜を過ぎていた。

列車が徐行の末に停まったので、「なぜ」と扉から首を伸ばして前を見ると、遙か見渡せる線路上は、列車の渋滞と小用を含め手持ちぶさたの人影で溢れていた。私も飛び降りて人並みの作業を済ませ、線路上で弁当をひろげた。何時間後かに徐行が始まり、東京に着いたのは午後になったと記憶している。

山手線で上野駅に着いたが、ここの混雑がまたすさまじい。いったん駅構外に誘導されてからホームに入るために広場に並んだが、人また人で、蛇行した列が乱れてどうにもならない。運を天に任せて、人の流れに委ねるしかなかった。

しかし、不思議に怒声も乱闘もなかったが、今考えればまだ日本人の心は荒んでいなかったのだろうか。

二時間くらいたった時に突然、改札口方面への人の流れを身辺に感じたので、私は素早くそれをキャッチし、ほどなくゲートを滑りぬけた。始発駅で運良く席が取れた。まさに奇跡的だった。しかし、発車時には東海道線同様に、デッキまで超満員となった。不思議に車中トイレ騒ぎはなかったが、乗客はみんな水分不足で、尿意を催すまでにいたらなかったのであろうか。

懐かしいはずの関東平野を五ヵ月ぶりに走ったわけだが、よもやこんな状況で帰省するとは夢にも思わなかったことで、何かやるせなさだけを感じていた。栗橋の長い鉄橋を渡る響きは、希望に胸を膨らませて橿原に向かった時と同じはずであったが、今回はただ呆然と耳にしていたように思う。

小山では窓からやっとのことで飛び降り、後から隣席の復員兵に荷物を投げてもらった。両毛線、東武線を乗り継いで郷里壬生に着いたのは、日の長い夏でも暗闇となっていた。畝傍から壬生まで、おそらく三十時間以上はかかったろう。敗戦時の複雑な心境での旅として忘れられない。

（二〇〇〇年二月記）

# 人生の岐路

「そんな馬鹿な」——。あそこでの先輩の叱責と目は忘れられない。大袈裟に言うと、私の人生の岐路となったからだ。昭和二十二年二月だった。私が旧制一高の二次試験の身体検査を振って、東京外語専門学校（現東京外語大学）の二次試験面接を終えた校門の出口で、同校を受験した宇都宮中学の先輩とばったり出会った時の彼のセリフであり、目であった。

私は父を戦争で亡くしたので、怒濤のようなインフレ時代、一日も早く社会に出たいという気持ちが強かった。そうしたこともあって運悪く一高と外語の二次試験が重なった時、悩んだ挙句《あげく》（当時の制度では高校から大学を終えるのに六年かかるが、専門学校は三年で就職できた）、一高を振ったのである。

話は一年前に遡る。受験期になり、前述のように早く社会に出たいという気持ちと、親戚に先生が多かったので、私の第一志望は当時の東京高等師範だった。中学四年の担任の先生にそう申告すると、即座に「一高をやれ」と言われ、私には青天の霹靂であった。しかし、先生に言われてから関心を持ち始め、一高のステータスを調べ、その価値を知るに及び、天下一の難関に挑戦することに意欲を感じるようになった。

かくして四年で一高を受けたが見事に失敗。もちろん、五年で再度挑戦の準備に入った。インフレ進行中でもあり、絶対に浪人はできないという気持ちで二期校も受けるべく、得意の英語を生かせる東京外語を選んだのだった。

さて、二次試験に話を戻そう。外語での面接。「どこを受けたか」「一高です」「どうしたか」「二次が今日だったのでこちらに来ました」。試験官三人が一様に驚きの眼差し。これで一高とは縁が切れたという残念さと割り切りの複雑な気持ちになっていたところで、先に述べた先輩と校門での出会いとなったのである。

「今からでも駆けつけて見ろ、何とかなるかもしれないぞ」「もう決めたのだからいいですよ」「馬鹿言うな。とにかく行って見ろ」と叱責された。私の胸にまた天下の一高のイメージが浮かび、それなら駆けつけてみるかと翻意した。

当時、東京外語は上井草にあったが、駅までのかなりの道程を夢中で走った。息切れの苦しさは、今でもはっきり覚えている。新宿、渋谷、そして井の頭線への乗り継ぎが何ともどかしかったことか。一高前駅（現駒場東大前駅）で飛び降り、掲示された試験場に駆け込んだのは、すでに冬の日差しが傾いた四時半頃だったろうか。

「何だお前は」「遅れてしまいました。何とかお願いします」。どういう言い訳をしたか、まったく覚えていない。「せっかく学科にパスしたのだから、何とか受けさせて欲しい」。とにかく泣きの一手だった。考えれば受験生十三人のうち十二人は落ちる一高の入学試験で、規則を守らなかったのだから遠慮しろと、事務的に処理されても仕方がなかったかもしれない。ややあって、「ちょっとそこで待ってろ」と言って上長に相談に行った事務官。どういう答えが戻って来るのか、心臓の高鳴りは凄かった。

まだ受験生が二、三人残っていたことで、もしやの望みはあった。事務官は数分で戻った。「特別に許す」のセリフ。ホッとしたとは、まさにこういう時に使う言葉であろう。真冬だったが汗びっしょりだったので、上着を脱いで汗を拭き、腰を下ろした。

二次試験は、幸い両方合格した。私は無理をして駆けつけた一高を選び、三年後、東大を経て日本油脂に就職し、技術畑を歩んで昨年六月に四十五年間の勤めを終えて今日に至っている。高校、大学とも旧制最後の卒業生である。

人生は一度しかない。その途次、幾つかの岐路があり、ある時は意識を持って二者択一に賭けるが、ある場合には偶然が作用する場合もある。私の場合は、これらがミックスされ、一つの路が与えられたのだ。日本の社会で学校の選択が一つの大きな岐路であるとすれば、東京高師しか考えてなかった私に一高を奨めた先生、それと、あの日、あの時に運命の東京外語の校門で、先輩に会わなければ、また、先輩が「馬鹿!!」と怒鳴らなければ、そして、大幅な遅刻が許されなければ、私の人生は百八十度違っていただろう。まさに人生のドラマだと思うのである。

（「国際商業」一九九九年八月）

# 憧れの向陵生活

昭和二十二年四月、憧れの一高生となった。しかし、入学してからも家には負担を懸けられないという覚悟で寮生活に入ったので、学問もさることながら生活も大変だった。戦前の高校生活の良き時代の話は半世紀経った今でも聞くが、私にはほど遠い夢であった。まず食うことから考えねばならなかった。

家庭事情を申告して特別奨学生になり、家庭教師を二口したが、食糧難時代でかならず夕食付きを条件とした。裕福な家庭で、巷で我々の目に入らないご馳走を、毎回腹一杯満たした。あるところにはあるものだという社会の矛盾を感じるよりも、腹を満たす歓びがあった。

次に同室の北原（故人）先輩の紹介で、週一回、小学生相手の新聞を都内の多くの小学校に配達した。結構な重量運搬だったが、日当は抜群に良かった。その他自動車工場でエンジンの錆落とし、化学会社で薪割り、銀行で宛名書きなど、食堂の掲示を見ては申し込んだ。これらの収入で何とか寮生活は送れたが、その代償として部活動は出来なかったし、自由時

1948年12月、時計台をバックに

間が犠牲になったことは事実である。

授業を受け、最初は中学とその進みかたの差にとまどった。特にドイツ語は最初から小説に取り組まされ四苦八苦。多くのクラスメートも似たり寄ったりだったのか、授業中ノルマを果たすのを聞いているうちに眠くなることがしばしばだった。数学はあまり好きではなく、授業放棄してソフトボールに興じたこともあったので試験には苦労した。そのころから化学志向だったのか、未知の物質をあてがわれて何物かを突き止めるテストがあり、硝酸鉛で正解を得た歓びを覚えている。先生方にもいろいろなタイプがおられた。学者肌、アンチャン風、青白きインテリ型等々。

旧制高校生と言えば、哲学的思考というキーワードが頭をよぎるが、同室の水口先輩に「何から読むべきか」と聞いたら、周りと「デッパツかな」と話し合っていた。何のことかと思っていたら、倉田百三の『愛の認識の出発』だった。デッパツとは一高言葉の一つである。

もう一つの一高言葉があった。「急げ」を「慌てろ！」と怒鳴るのがそれである。最初は奇妙に感じた。昼食時、長い行列の後ろからたびたび「慌てろ」という怒声が聞かれた。ようやくありついた献立は、たいてい大福級のスイトン二個が二―三切れの菜っぱと浮いている薄い味噌汁だった。

『愛と認識』に話を戻そう。さっそく図書館で表紙が取れそうなまで読み込まれた代物を借りて読み始めたが、中学を出たばかりの〃子供〃にはかなり難解。呼んだ先人たちが至るところに赤線や青線を付けているが、果たして理解していたのだろうか。ただ一ヵ所、一際濃いサイドラインのある「我と霊肉を合わせ愛し合える人なきや」という言葉には共感したのは年頃の証拠？『古寺巡礼』『三太郎日記』とか、いわゆる名作ものや小説は乱読したが、中でも『罪と罰』の検事の老獪な問い詰めのプロセスが印象に残る。武者小路実篤の『友情』や『愛と死』に熱が入ったのは、家内との初恋いが芽生えていたからだろう。

まだ巷では食糧難の時代。全寮制度のなかで食事部の苦労は大変だったろう。確か入学後二ヵ月の六月の十日頃、昼飯に落花生が出た。とすぐ食糧難で夏休みとなり、八月末まで二ヵ月半夏休みに入った。一人、部屋に残り、アルバイトを主とし、たまに帰省したりして気ままに過ごした。先輩の机上のヴァンデベルデの『完全なる結婚』を開き、性の問題を科学的に知ったのも最初の夏休みであった。

女人禁制の全寮制だから、年一度の紀念祭以外は親でも入寮は禁止であったが、ある夏休みにガールフレンドを連れ込んで一線を越えた事件が起きてしまった。同衾事件と寮内で騒ぎとなり、自治寮なので各部屋の代表からなる総代会で、当事者の処分を決めることとなった。普段出席率は余りよくないのに、その日は百パーセント。一高生もその道には関心があったのだろう。

質問者が真面目腐って、「ヴァンデベルデの本に書いてある通り実行し、その状態になったのか」などと質問し〝犯人〟は正直に「イエス」。で結局、退寮処分、全寮制では退寮即退学であるからその通りとなった。今の時代なら笑い話でしかないが、敗戦後数年の自治寮の一つ姿勢を垣間見ることが出来る。

秋頃、部屋替えがあり、家入（文甲二組）と斉藤（文甲三組）と私の一年生三人の小部屋になった。紀念祭になってもデコレーションの要領がわからず、「何もしない」と一度は決めたものの、間際になって話し合って先輩の輪知さん（故人）に助けてもらおうと電話し来てもらった。とにかく、人形を新聞紙と糊で固め、色を付けて旗を持たせ、「祭り」と言うタイトルで窓を飾った。各部屋、特に部活動の活発な部屋は、ある思想を持って知恵を結集して飾り付けをしたものだが、我々は何もなく単に飾ったにすぎなかった。

紀念祭の前夜、暖房の不完全な中で輪知さんに言われながら精を出した人形作りも、また味があったし、それなりに満足した。糊が冷たかった。開場すると、中寮の入口の部屋で目立つのか何人かの見物者が訪れ、意味不明の人形を見て、「何を意味する作品ですか？」と真面目な顔で質問され、返答に苦労したものだった。

二年生の紀念祭は、十数人の大所帯で「くるみ割り人形」のシーンを飾った。さつま芋で王子と姫の人形を彫っていた小野寺も、故人となっている。電蓄でＳＰレコードを鳴らしながら華やかだった。思想はないが、華麗さで何か入賞したように思う。フィアンセを招待して寮内を案内したが、今でも「私は王子に手を引かれるお姫様の気分だった」と言うセリフが出る。小野寺はその夜できすぎて、それから三日酔いになってしまい、毎日うわごとを言ってベッドで寝ていた。二日酔いで頭痛がするという話は聞いていたが、三日酔いでずっと意識が朦朧と言う実例を間近に見たのは始めてで、酒の作用と言うものを図らずも勉強したことになった。

当日「月光」とか「トロイメライ」「未完成」などのポピュラーな名曲を始めて聞いたが、これが田舎ものの私を音楽に目覚めさせる切っ掛けとなった。さっそく中古のSP盤を渋谷で求め、帰省した時に手回しの蓄音機を回しながらフィアンセと楽しんだ。音楽会への頻度も増し、諏訪根自子や巖本眞理、伴奏者の野辺地瓜丸が印象に残る。音楽好きになりつつあった私に、これらの演奏会はいっそう興味を駆り立てることになった。

私が小野寺から学んだことがある。それは晦日日記という習慣で、大晦日にその一年を振り返って書き記すのである。仕事の悩み家庭の大ニュースなどなど。日記は何度か挑戦したが、遂に続かなかった。だが、年一回ならいいだろうと始めたのが一九七四年十二月三十一日、一年に五ページ位だから数年は淋しかったが、二十年続けてたまに読み直してみると、自分の、そして家庭の貴重な財産になっていると思う。

橘秋子バレー団が構内で華やかな踊りを披露した。始めてバレーなるものを見た。牧阿佐美が確か四―五歳でソロをやり、その歯切れのいい脚さばきに見とれたが、曲目は「楽興の

1948年、級友と富士登山。左から須藤、著者、浅川、関川

時」だった。今、彼女は日本のと言うよりも、国際的なバレリーナであり経営者になっている。

　須藤、関川、浅川（音信なし？）と楽しんだ富士登山。富士吉田から十二時間かけて頂上にたどり着き御来光を拝んだが、途中で交代に軽い高山病にかかり、隊列は乱れっぱなしだった。須走り口を駆け下り、靴を駄目にした。落石で付近の登山者が怪我をしていたが、我々は全員無事。私は翌日、西生田のいすゞ自動車工場に下駄履きでアルバイトだったが、さすがに疲れた。

　親戚の農家で仕入れた米を、都内の飯屋に売ったことがある。数倍の価格で捌《さば》けた。「学生さんよ。退学してヤミヤやった方が儲《もう》かるんとちがうか」とからかわれたこともあった。ある日、雑嚢に米を一升入れて銀座線に乗ったら警官に見つかった。外見ですぐ米と分かる。ヤバイ。井の頭線に乗り換えたら、その警官も同じ車両に乗ってきた。いよいよ駄目かと観念したが、一高前で下車したら、警官はそのまま降りずに去っていった。銀座線で怪しい若者と睨んだが、一高前で降りたので、本物の一高生と大目に認めてくれたのだろう。

私の一高時代は、一言で言えば苦学時代。弊衣破帽で世界を論じ合った良き時代とは異質の学生時代だった。食べるという根源的な要求を自らの努力で満たしながら、高校生の本質的な内面の向上を志向した。先輩を含めた同窓会で、多くの大先輩たちが乱舞する姿にどうしても同調できないのは、高校生活について彼らと何か質的な違いを意識するからであろう。

時代は変わった。変わったと言うよりも、ひっくりかえったと言うべきか。代表的な寮歌「嗚呼玉杯」の五番は謳っている。「行く手を阻む者あらば、切りて捨つるに何かある」。当時のエリート中のエリートの意識。「俺に従え!」の自信。当時はこれでよく、これが通用した。しかし、現代はこの寮歌の精神はそのままでは受け入れられない。私は玉杯を歌うたびに、矛盾を感じながら歩を進めている。考えすぎだろうか。

(一高同窓会誌「嗚呼向陵―わがたましひの故郷―」二〇〇一年六月)

# 妻との出会い

## 不思議な運命のアヤ

私たち兄弟は、昭和十四年一月に生母イネと死別した。私は小学三年、弟は二年生だった。私の父は神戸を起点とした船乗り生活だったので、兄弟は住みなれた神戸（灘区）と別れ、郷里栃木で約一年間、父が歯医者をしていた親戚の三上さん（イネの叔父）の隣に借りてくれた家に住み、技工士の夫婦に同居してもらった。母を亡くし、父親も近くにいない寂しさはあったが、親戚のバックアップで不安なく、むしろ開放的な生活を送っていた。父は私たちの教育を考えて再婚を決意したのだろう、育ての母、宇賀神ミヤとの縁談を進め、ミヤは昭和十四年の夏頃、私たち兄弟に会いに来ている（別項に記述）。

私はその秋、ミヤの甥昌平（当時は旧栃木中学生）に連れられて始めて壬生の家を泊まりがけで訪れたが、そこで妻宇賀神眞木との最初の出会いとなった。結婚の十四年半前のことである。その日、弟は体調が悪かったので、私一人での訪問となった。彼女は育ての母になるミヤの姪で、ミヤは当時宇都宮高等女学校の先生で下宿生活だったが、私を実家に紹介するために帰省していたらしい。

私の七十年の人生を圧縮して一瞥する時、生母イネが身を滅ぼして私と眞木との出会いについて悲しい演出をしたとさえ考えることがある。不思議な運命のアヤである。

眞木は当時壬生町で老舗の米穀商を営んでいた宇賀神和平（ミヤの兄）、トウ（眞木が三歳の時に他界、眞木には母の記憶はない。ただ葬式の時に新しい着物を着せられて人力車に乗ってお寺に行ったことだけは憶えているそうである）夫妻の二人娘の次女である。宇賀神商店はすでに明治中期に人格者で町の学務員（今の教育長）もやったことのある眞木の祖父母金蔵、マサ夫妻が当地で地盤を築いたが、明治四十年の町内の地図にも、近隣よりも大きな字で表示されていることで、その隆盛さが推測される。

床の間でお互いに初対面の挨拶を交わした。宇賀神家の正統派で徹底した礼儀作法には驚いたが、私は生母の躾《しつけ》がそうさせたのか、誰に会っても物怖じしなかったので、精一杯調子を合わせられたつもりであった。

眞木は私より一年上、おかっぱの少女、明るさと、ややかすれ気味だが声の大きさが印象的だった。古稀を過ぎた今でも眞木の声は大きい。体調が悪い時でもそうなので、周りはあまり心配しないことがあり、彼女は不満顔だが、私は元気に見られることは逆に喜ぶべきことではないかと言っている。彼女の姉さんは、少し控えめだったと記憶している。

夕食でオムライスをご馳走になったり、昌平（眞木の従兄でもある）の色々な手品を不思議がって見たり、団欒に花が咲いた。確か祖父はすでに病に伏しておられたが、優しそうな祖母、育ての母となるミヤ、その妹のフク（晩年、学芸大学教授時代、昭和四十八年に癌で他界）も優しく相手になってくれ、本当に楽しい一夜だった。何よりも久しぶりに家族の暖かさを幼な心に感じたのだ。

父の再婚までに、私は何回か壬生を訪問したと思うが、記憶は定かでない。そして昭和十五年一月、新しい母を迎えた親子四人は神戸に移り、須磨の妙法寺海浜から三百メートルにある家で、新生活をスタートさせた。

最初の夏休み、祖母、フク叔母、昌平と、眞木が遊びに来た。小学五年と中学生となると、少しは女の子に関心が出てくる頃。昌平と共謀して眞木を近くの海浜で沈めて喜んでいた。ところが、少し度が過ぎて中耳炎になってしまい、寝込んでしまったのだ。

眞木以外の三人は淡路島観光に出かけたが、本人は家で休養していた。悪いことをしたと思ったが、その後も何かチョッカイをかけたくて、昌平と二人で眞木の絵日記をかすめて見て冷やかしたりしていた。布団でなくトタンに人形が横になっているように見えたからである。眞木は持ち前の大声を上げて取り返しにきた。そんな夏休みであった。

二度目の神戸の生活は短かった。五年弱である。昭和十九年六月に父が戦死したのだ。内示があったので公報を待たず、同年十二月、郷里壬生に疎開し、宇賀神豊治伯父（昌平の父）の家に間借りをした（この疎開の旅については別項に記述）。私が旧制中学三年、弟は二年であった。その間に眞木はもう一度、神戸に来たようにも思うが定かではない。何回かお互いに文通はあったようだが、もちろん子供同士の内容であった。

私たち兄弟は宇都宮中学（現宇都宮高校）に転入し、学徒動員で南宇都宮の中島飛行機で、陸軍機「キの84」の製造に携わった。いわゆる「疾風」である。

私は三ヵ月後の昭和二十年三月、海軍経理学校予科に合格して橿原に発った。眞木は小山までもう一人の従姉正江（昌平の妹）と見送りに来てくれた。まだ純粋な従姉としての感情以外の何もなかったことは確かである。車中で食べるようにと、沢山のおにぎりを貰《もら》ったが、食べきれず海軍の宿舎で捨てた。申し訳なし。海軍生徒としての四ヵ月半の間、眞木から何度か従姉と明記した手紙を貰ったが、その文中に滲み優しさが、すでに私の心の奥を捕らえる伏線となったように思えるのである。

終戦。宇都宮中学への復学。思春期に入り、徐々に眞木を異性として見るようになっていたが、彼女はどうだったろうか。まだ私の片思いであったと思っている。弟と通学の道で話し合ったことがある。「俺、眞木さんの裸が見たいナ」と。弟は「僕は〇〇ちゃんだ」。私たち兄弟二人は、この面でも正常な発育をしていたのだろう。

眞木は終戦後まもなく父を病で失い、また父の後妻も去ったので、姉令子と二人で生活していた。私たち兄弟は姉妹二人で生活している家庭に出入りして、薪割りや風呂汲み（釣瓶井戸だった）を手伝ったり、さらには隣組で順番にやる夜警をしたりした。夜警はいつも私の役目だった。よく小麦色の蒸かしパンを作ってくれたりして、男兄弟にはまったく良いお姉さんたちだった。

超インフレ時代で、役場に勤めていた姉さんの収入だけでは、家計は決して楽でなくむしろ厳しかったと思うが、眞木はいつも明るかった。次女の気安さもあろうが、やはり性格なのだろう。この頃のやりとりで、私の気持ちが徐々に眞木に傾いていくことになってきたと思うのである。後で聞いたが、姉妹による私たち兄弟の品定めは、常に弟に軍配が上がっていたそうである。なぜならば、私がブッキラボウなのに対し、弟が実にまめで優しかったからである。

伯母夫婦（ミヤの姉夫婦）が台湾の高雄から引き揚げて栃木に着いた。子供がなかったので、眞木が養子になるという話があった。眞木はさっそく栃木に会いに行き、帰りに家に寄った。真夏の暑い日だった。もちろんエヤコンのない時代。母はすぐ「脱いちゃいな」と声を掛けると、眞木様は素直に上半身裸になったのだ。アットオドロクタメゴロウ。

私には初めて目にする妙齢の女性のヌード、眩しくて見られなかったが、当人は年下の従弟をまだ異性として見てなかったのか、まったく気にしない様子。落ち着いてゆっくり鑑賞させて頂いた。透き通るような白い肌にお椀のような見事な膨らみが二つ。結婚した後に話したらびっくりしていたが、男と女の意識の違いだろうか。

昭和二十二年の始め一高の受験準備中、眞木の家で深夜まで勉強させて貰ったことがある。十畳の部屋の片隅で勉強し、その後であらかじめ話し合っていた通り、熟睡していた眞木の隣に潜り込んで寝たのだ。もちろん、すでに眞木に対し異性としての関心はあったが、間違いを起こす気はさらさらなかった。ただ隣に間隔はあるとはいえ彼女の肉体があるということは、何とも微妙な感じがしながら眠りについたのだった。今考えるとまったく常識に反する行動であったが、許した女姉妹のその道についての意識が疎《うと》かったと言えよう。私だけは意識したが理性が支配したということである。

旧制高女を卒業した妙齢の眞木だから、幾つかの縁談があった。現役の中学生に何も言う権利も資格もないので空しく諦《あきら》め、密かに潰れるのを期待していたが、幸いにもすべて纏まらなかった。両親がいない家庭ということで、相手にマイナスイメージを与えたのだろうか。詳しく聞きただしはしなかったが、ほとんどは見合いまで進まなかったと思う。私の方もまだその頃はどうしてもという強い気持ちもなく、身近にいる好意の持てる女性という感じまでだった。

## 晴れがましい交際期間

昭和二十二年、私は晴れて一高（旧制）に合格し、寮生活で人生論、愛情論から哲学紛いの本を読みあさる環境に身をおくことになった。やがて眞木を思う気持ちを、「これが恋なのだ」と意識するようになってきた。特に休日とか休暇に一人で在寮している時に、眞木に対する思いは募ったし、時には夢の中で眞木と赤裸々な愛の交換をする場面で目覚めることがたびたび起きてきた。当然、肉体的にも精神的にも一人前になっていたのだろう。このまま推移したら、勉学にも差しさわりがでると感じるまでに昂じていたのだった。

『金色夜叉』の手本もあるし、ある日いよいよ愛の告白をしようと決心して帰省した。当然の成り行きで、眞木姉妹が揃って歓迎してくれる。重要な話なのでそれなりの場と時間が必要だが、「令子さん（眞木の姉）、席を外してください。眞木さんだけと話がある」と言い出すのは余りにも唐突なので、チャンスを作れないまま夕方までイライラし続け、遂に時間切れとなってしまった。

まだ電話もなかった（もちろん、米穀商を営んでいる時代には手回しの電話があったが、眞木の父が亡くなった時に外している）。今なら携帯電話やメールがあり簡単なことだろうが、これも時代の差かもしれない。メモの手渡しで済ませる気はしなかったので、自宅に戻り、やむなく母に今回の帰省の目的を告げた。母は「ホー」と一瞬驚きの表情。やや間をおいて「待たせるから安心しな」。私は安堵して車中の人となった。

次の帰省時に顔を合わせた時の、眞木の満面の笑みを忘れられない。そして晴れて眞木との交際が始まったのだった。二人で近所を散歩したり、栃木や宇都宮に出かけたりしたほか、彼女の体調が悪かったので病院に付き添ったが、何とか健康体になって欲しい一心だった。よく寝床に伏している眞木と夜遅くまで話をしたが、話題が途絶え、顔を見合わせるだけでも満足した。歌の文句ではないが、側にいるだけで良かったのだ。

昭和二十三年の一高の紀念祭に眞木を招待したが、来てくれたのは姉さんだったので、本心がっかりした。眞木は結核の疑いがあって、時々、医者に通っていたが、たまたま体調が優れなかったらしい。しかし、この日、私は姉さんを精一杯の努力で案内し、喜んでもらったと思っている。

その頃、弟も東京の学生寮にいたので、母は一人身となり、眞木姉妹の家に同居するようになっていた。帰省先がフィアンセの家となると、二人さえその気になればいくらでも冒険の機会は作れたはずである。しかし無かった。六年間の長い長い春が続くのだった。当時映画で「永すぎた春」という作品が上映され、二人で「同じね」と話し合ったことがある。時には際どい話題もとりあげたくなる年頃で、何度か持ちかけてみたが、かえってあしらわれたことがあったのを覚えている。

昭和二十四年の紀念祭には、眞木が来てくれた。部屋の仲間で「胡桃割人形」のデコレーションを製作したが、王城の前に佇む王子王女のカップルを見て、眞木は我が身のごとく喜んだように見えた。クラシックに興味を覚えたのはこの頃。七十八回転のS盤時代、中古レコードで月光、トロイメライ、未完成などを購入し、壬生の家で手回しの蓄音機を引っぱり出して楽しんだ。この頃、自分で呼んだ恋愛小説を次々と眞木にも奨めた。男性の意志が上手く表現されているので、それを伝えたかったからだ。武者小路さんの『友情』『愛と死』が特に印象に残る。

東大は工学部応用化学科に合格した。しかし、入学式直後に痔の治療で二週間ほど帰省することになった。眞木の家が実質的に私の実家という奇妙な関係の中で、眞木はその頃また体調が悪く、床に伏していたので、私たちは同じ部屋に床を並べることになった。フィアンセ同士が床を並べればどう進展していくか、母も是認していたようだが、今回は痔患者なので自由に動けず、それどころではないと言ったところ。

治療も一段落して上京、東大生としての生活が始まった。数年後、仲人をしていただくことになった親戚の落合さん（ミヤの従妹）宅に下宿した。決して悪いことではないのだが、たびたびラブレターが届くので気になり、本郷局留めで手紙を受け取ることとした。いつ出したかは母からの別件の葉書を下宿先に出して貰い、その隅に数字で投函日を知らせる方法を採った。母も協力してくれたわけで、有難い話だった。今ならメールか電話で済むことであろう。

結婚は卒業してからという何か不文律のような気持ちがお互いにあり、後何年と数えつつ、春を〝耐えながら〟楽しんだ。日光に初めて二人で出かけた時のこと、母は進んだ考えの持ち主だったのか「泊まってきても良いよ」と言ってくれた。人間というものは天邪鬼だし、コトがコトだけに、先手を打たれた場合、「ハイ、そうします」とは従いにくいもの。逆に反発して日帰りを選択してしまった。帰りの車中で「素直さがなかった」と悔いたが、後の祭りであった。尚、今考えると腑《ふ》に落ちないが、〝休憩〟の発想はなかった。

眞木の姉令子が昭和二十八年に婿養子を貰ってからは、私の帰省時の寝室は夫婦の隣室。布団を二組並べた。しかし、襖を隔てて姉夫婦がいるし、もう一つの襖越しの室には夜更かしの母が起きている。どうしようもない。ところがである。ある夜、怪しい胸騒ぎの後、遂にささやかな？　一歩前進と相成ってしまった。その後は夜ごとにそこまでは当然のごとくお互いに許しあったが、フィアンセ同士だから至極当然の成り行きだったろう。

交際は順調に進展した。たびたび帰省もしたし、眞木の健康も回復しつつあったので、東京案内も楽しかった思い出である。新宿御苑などの散策、巖本真理とか諏訪根自子などの演奏会。同じ日に日比谷公会堂でバレー「白鳥の湖」の後、歌舞伎座へとハシゴをしたこともあった。

私が帰省し、裏の畑を二人でゆっくりと談笑しながら散歩する姿は、当時の壬生ではまだ田舎で珍しく、本人たちはまったく知らなかったが、後で聞くと近所で話題になっていたそうである。そして帰京時の駅までの十数分も、束の間の別れの淋しさとは裏腹に楽しさもあった。夏のワンピースの胸の膨らみ、ルージュの鮮やかさが眩しかったし、「これが未来の妻」と誇らしさも感じながら、壬生の表通りを駅まで肩を並べてゆっくり歩いた。その時代だから、手を繋いだことはないが。

1951年、宇都宮でデート

昭和二十八年に大学を卒業し、日本油脂に就職し、武豊工場に勤務することになった。ようやく仕事が落ち着いた初めての正月休み、久しぶりに和服姿の眞木と宇都宮へデート。暮れかけた川縁を歩きながら、二人で交わした会話（約束？）を眞木も覚えているだろう。私は守ったとは言えないようである。と言うことで、いよいよゴールインと心の準備に入っていた矢先のことであった。

眞木の姉令子が昭和二十九年二月、長男の出産時に急死した。出産の電文に姉死亡の文字を見たショックは、忘れられない。このため二人の関係に危機が生じた。姉の婿と逆縁の話が出たからだ。田舎では、それが家系を守る当たり前のしきたりであった。眞木からの手紙に、その考えに従うともとれる文面があったので、取る物も取りあえず帰省。玄関でまず、「なぜそんな」と不満を漏らす。

しかし母、叔母は進んだ思想の持ち主で、赤ちゃんをこちらで立派に育てるという条件で先方の逆縁の提案を拒否し、そして私たちの婚礼についても早い方がよいとの判断で、四月七日と決めていてくれた。今なら自分たちで表に立つことだろうが、親同士で話が決着していた。私は玄関先で安堵した。仮に反対の結果が告げられていたら、どう喚いて揉めたことだろうか。家庭環境から言って、解決にはかなりの困難さがあったろう。婿さんとは円満に別れ、その後も家族としてのお付き合いは続けた。

後日談になるが、赤ちゃんは一番血が濃い眞木とその夫である私たち夫婦が養子として迎え、育て上げた。宇賀神の家系が途絶えたことは致し方ないが、育ての親として、どなたにも胸を張れると満足している（別項に記述）。

## 永い春に終止符

従姉弟同士で同じ実家。奇妙な関係の二人の結婚式は、昭和二十九年四月七日、雅叙園で厳粛に行なわれた。同じ電車で式場に向かうため壬生駅を発ったが、眞木は改札口で友人に会い、「どちらへ?」と聞かれ、「私、結婚するの」と応えていたあどけなさ、可愛さがあった。仲人は前述の落合さん御夫妻にお願いした。会社の人も呼ばず、親戚だけ二十人位に出ていただいたと思う。三三九度、祝詞と緊張の連続。そして披露宴での長崎料理は美味しかった。眞木がどの程度食べたか知らない。雅叙園は昭和十五年、父母の結婚式にも使ったところである。

母の従兄入江さん(落合さんの兄、元日通副社長・他界)の車で東京駅まで送って貰い、熱海へ。まだ時代が時代、そして駆け出しの貧乏サラリーマン、二等車に駈け込んだが馬鹿らしくなり、途中で三等車に戻っている。

熱海錦水旅館での初夜。六年越しの恋の成就の時、二人で精一杯の努力をして重大な儀式を済ませたと思う。夢中以外の何ものもない感動だった。新郎として、後朝の新妻眞木の爽やかで満足げな表情に安堵した。熱海に二泊、そして箱根に足を延ばし、常盤旅館に一泊した。部屋の名が「入り船」。眞木「入り船の意味分かる?」と艶めかしく微笑む。二人は朝な夕な心ゆくまで愛の交換を重ねたが、お陰で新郎君いささか疲れたらしく、帰りの車中で大鼾《おおいびき》だったらしい。隣の新妻は恥じらいがあったのか、主人を揺すって起こすことが出来なかったと、後で二人の間の笑いぐさになった。

新婚旅行が終わったが、現実は厳しかった。壬生では生まれたばかりの赤ちゃんはまだ入院中であったが、そろそろ退院の時がきていた。家族で相談し、東京で先生をしていた弟に栃木に転勤してもらい、当面母と弟で面倒を見ようと言うことになり、私は、当時県の教育界の実力者であった中学の恩師にお願いに行った。

いずれにしても、赤ちゃんの退院後、壬生の生活が軌道にのるまで眞木はしばらく壬生に残ることになった。新婚旅行を終え、新婦を実家に残して一人で職場に帰る例は滅多にない。社宅ではさっそく色々噂が立ったらしい。「やはり逆縁になる」「いや別れる」等々。

1998年、娘の結婚式の日、夫妻近影

しかし、幸い話は進んで同年六月、いよいよ眞木が武豊に来ることになった。その夕、私はJR武豊線緒川駅まで迎えに出た。新妻と始めて武豊の社宅に落ち着き、私にとっては二度目の初夜としての歓喜があった。

数年後、武豊に引き取って〝長男〟として育て上げた姉の子も、学習院を出てフジテレビ勤務、国際結婚を成功させて東京で幸せに暮らしている（別項に記述）。また結婚後十三年で出来た長女も国立音大を出て、ピアノ教室を開いているが、二年前に良き伴侶に恵まれ（別項に記述）、近く二人目の子持ちとなる。これからもピアノ教室を続けたいようだ。ただ母は脳梗塞がもとで平成八年に九十歳の天寿を全うした。

私は数年前に現役を退いた。長年、充実したサラリーマン生活を送ることが出来たが、ひとえに弱いと言いながらも、何とか夫を支え続けてくれた妻眞木の愛情と真心あってこそと感謝している。

すでに結婚後四十七年の月日は流れた。眞木のあきれるくらいの純粋な性格、優しさ、そしてチョッピリ姐御的なO型性格は、今も私の侘び寂びのきいた恋心を擽《くすぐ》っている。少なくとも三年後の金婚式までは揃っていたいものである。

（二〇〇一年二月記）

# 血は異なれども

## 人生の運命を感じて

私と妻は従姉弟同士である。彼女は結婚前、姉夫婦と叔母（すなわち私の母）と四人で壬生に住んでいた。ところが義姉は結婚一年後、長男を産んだその日にこの世を去った。私は昭和二十九年二月、勤務地武豊で男子誕生の電文で、同時に義姉死亡の文を見たショックを忘れられない。私たちはその年の四月に挙式し、愛知県武豊に居を構えることになっていたが、田舎ならではの問題が起きたのである。義姉は婿とりだったので、婿の実家から、田舎の古い常識として、私のフィアンセであった妻との逆縁を希望されたのである。私どもが断わったので、ほどなく円満離縁となり、彼は実家に帰った。

赤ちゃんは体調に不安があったので、しばらく宇都宮の病院に預けられたが、数ヵ月で退院し、私の母が育てることとしたが、一人では心もとないので、東京に勤務中の私の弟を栃木に転勤できないか、私が県の教育委員の実力者にお願いしたところ、幸運にも話が纏まり、四月から弟も壬生に合流できた。私たちは予定通り四月に挙式した。

しかし、いつまでも両親なしで祖母と叔父が育てるのでは、子供の教育上にも問題があるし、叔父（私の弟）もいずれは所帯を持つ時が来るとの判断で、一番血が濃い私たち夫婦の養子として育てるのがよいと言うことになった。私は当時札幌支店にいたが、妻は頻繁に帰省し、息子と肌の交わりの機会を増やし、私も正月や本州への出張の帰りに一日休暇を貰って壬生に立ち寄り、息子と顔を合わせた。

母たちは息子に私をパパと呼ばせて必死になつかせたが、私には正直言って何も知らずに私を父と思いこんでいる息子に哀れみが先立って、戸惑いがあったのは事実である。母と弟の庇護の元、息子は保育園の年中さんまですくすくと育った。もっとも健康はあまり優れずにたびたび医者の世話にはなったようであり、大人二人は大変だったと思う。養子と決めた以上、早く手続きをして、私の勤務地であった札幌で同居する考えもあったが、ひ弱だった息子に寒地は不適と考え、数年後、武豊に戻る時からにしようと言うことに決めていた。

昭和三十四年秋、私が札幌から武豊勤務に戻ってからは、何度か母と一緒に武豊に呼んで、少しでも新しい両親の肌に接する機会を増やした。息子も五歳になっていたが、それまで私たちを両親と思い込むように育てられ、何か仕事の関係で別居しているが、そのうちに一緒に住めると言い聞かされてきたのだ。

そして昭和三十五年正月休み明けに、いよいよ息子を我が子として育てる〝事業〟に取りかかることになる。息子は誕生時、実父正一の字を貰って正人と名付けられたが、私との養子縁組を機に昌史の字、昌に換え昌人と改名した。

正月休みを壬生で過ごした後、息子に何がしかの菓子類を持たせ私、妻と三人は、壬生駅を発って武豊に向かった。子供心に五年住み慣れ、皆に同情心もあって甘やかされた環境で育てられ、かつ多くの友達のいる壬生を離れて、しかもそれまで育ててくれた祖母や叔父、多くの親戚と別れ、両親とは言いながら一緒に暮らしたことのない私たちだけと発つことに不安はあっただろう。妻と私は「ダイナマイトを抱えているみたいだ」と話し合った。

ところがである。意外にも武豊まで何のトラブルもなく、大人しく到着したのだ。私は感激した。息子は妻とはたびたび会っては来たが、私と会った日数は数えるほどしかなかった。まだ私たちに愛情を感じるはずはないとすれば、子供心にも何らかの本能的な服従心を感じたのだろうか。

新幹線のない時代、武豊まで十時間はかかったろう。私たちも出来る限り息子の気を損ねないように気を使ったのは事実だが、この移動の成功は、これからの武豊の新生活を占う上で大きな意味があったと思う。私よりも妻の方が数倍気を使っただろう。そこが妻の良いところであり、成功の大きな要因である。

新生活は順調に推移した。私も徐々に父としての愛が生まれてくるのが分かった。生みの親より育ての親と言う言葉があるが、私は自分の母がそうであったし、自分がまた同じ立場になるとは、人生の運命を感じたものだ。

武豊に移って数ヵ月後のある明け方に、隣の味噌工場が火事となり、息子を叩き起こして

1957年、妻と息子のスナップ

避難した。幸い延焼を免れたので助かったが、それ以後ある期間、息子は保育園で火事の絵を描き続けた。強烈な印象を与えたのであろう。

育ての親で一番気を使うのは叱り方である。近所の目がある。妻は血縁であるが、私は血の繋がりはない。しかし、私は割り切って対処した。しかし、「実の親ならああはしない」というセリフを気にしないと言えば嘘になるが、甘やかしだけでは正常には育たない。実の親以上の悩みとはこの点だった。今でも公平に見て、実の親に負けない教育や育て方が出来たと自負している。妻もその気持ちだろう。

中耳炎の時、親として当然のこと、まだ自動車のない時代、夜の明けるのを待って医院に負ぶっていったこともある。小学校入学式は息子と妻ともに風邪でダウン。代理で私が出席して子供の小さい席に座り、先生の話を聞いた。「入学式に父親だけが出かけた人がいたそうだ」と町の話題となったらしい。勉強が分からずに何度か怒鳴った。中学に進んだが、英語、数学、物理等々の指導。アルキメデスの原理には大変苦労をした。しかし、殴ったことは一度もない。

高校入学時には戸籍謄本が要るはず。それまでに出生の事実を知らせる必要があるというのが、私と妻の悩みでもあるし課題であった。突然知ることは、決して良い影響を与えないことは多くの物語や実例がある。自分に当てはめてもそう感じる。妻と作戦を立てた。小学六年生の頃だったろうか。主として妻がカマを掛けることから始めた。

「実の親でなかったら？　家はそんなことはないけれど」と言うような会話、問いかけを、何かの事件とか話題を活用して進めた。もちろん話の方向として世間にはそう言う家庭も多くあるが、一緒に生活する者の愛と信頼さえあれば、幸せに暮らせるという思想を植え付けることに努めた。事実、私たちの生活は親子の愛に満ちていたと思うので、息子も何の抵抗もなくその種の話を受け入れていたと思う。

兄弟親戚の話を混ぜながら「実は」とある時、妻が打ち明けた。帰宅して夕食時に更《あらた》めて本当のことを確認し、そんなこと気にせずに三人で仲良くやろうと誓い合った。息子が自室に戻った後、その穏やかな反応を妻と喜び合った。息子としては年頃だったので、やはりショックはあったと思うが、当時の三人の生活の平和さが、そのショックを打ち消すのに十分であったのだろう。

妻が如何に息子の教育に気を使ったか、二つエピソードを残しておく。息子は元来、体育が得意ではなかった。好きでなかったのだろう。小学校時代の運動会の朝、花火の音でいったん目を覚ましても、喜び勇んで飛び起きるでなく、逆にまた眠ってしまうと言うこともあったし、徒競走では大抵ビリの方なので、ゴールで八ミリカメラを構えるのを避け、スタートラインの後ろから、着順が分からないようにフィルムに収めるのが常だった。上級生になってもなかなか逆上がりができず、休日に学校の鉄棒で重い尻を持ち上げ、練習させた思い出がある。

こんな調子だったからか、四年生の一学期の体育が2と評価された。小学校の場合、体育は学業が普通であれば平均の3評価が付くのではないだろうか。しかし、たまたま担任が産休で体育は専門の先生だったので、息子の力から考え、厳しくと言うか、公平に見てそう評価されても仕方のないところかも知れない。

妻は評価に対して陳情するために学校に出向いた。「自信のない人間に2が付くと、せっかく意欲的に取り組んできたのに挫折してしまう。何とか3にならないか」と。これは考えれば無茶な話。本人の実力もさることながら、分布曲線に則《のっと》ったバランスをとらねばならないから、どうにもならないはずである。

担任は女の先生だったが、「体育の評価は体育の先生がするので、私にはどうにもならない。ご免なさい」と泣いてしまった由。考えれば、先生には何の落ち度もなく、無理な訴えをしたこちらこそ謝らなければならないことである。さすがにその評価は変わらなかったが、その後、2と付くことはなかった。息子も頑張ったと考えよう。

もう一つある。中学でクラブを選ぶにあたり、少しでも体育に親しみを持たせようと、一番人気のあるテニス部を狙い、ラケットなどの道具を揃えて、心の準備をしていた。しかし、どの親も同じことを考えるのかテニス部希望が多くて抽選となり、息子は多くの親しい友人と離れて希望者の少なかった相撲部に回されてしまった。各部の伝統について父兄間に情報が流れており、相撲部はとかくの噂があった。学校としては抽選はやむを得ない策だったのだろうが、当事者にとっては大きなショックであった。

妻は直ぐ学校に駆けつけ、「体育に不得意な本人がテニスに賭ける意欲を持ったのに、ここで相撲に回されたら、それも水泡に帰してしてしまう。何とかテニスに変われないか」と陳情した。学校としては一人の希望を受け入れたら示しがつかなくなるので、「お母さんの気持ちは分かりますが、それは無理」との答。当然の回答である。

しかし、妻は粘りに粘る。母は強し。先生も困って、「二学期から変更してあげる」という妥協案が示された。妻は「それでは駄目です。一度相撲部に入って途中から変更されたら、かえって理由を詮索され、どちらも困ることになる。部活動が始まる前に変更してほしい」と強行に要求。ノーなら梃子でも動かぬと言う剣幕に先生も遂に折れて、私たちにとっては目出度く変更を認めてもらった。担任の先生はかなり悩まれたと思う。

後から学校では職員会議で揉めたと聞いたが、ご迷惑をかけてしまって申し訳なかった。しかし、私は先生方のご苦労に感謝するとともに、妻の行動については、息子をここまで心配するのかと頭が下がった。まったく非常識、自分本位の誹《そし》りはあろうが、私は息子の生い立ち、そして息子に実の親以上に愛情を注ぐ妻の一途な心情を考えれば、この場合のみは神様も特別に許してくれるのではなかろうか。

## 兄と妹

ここで話を私たちの長女に移そう。昭和四十二年十二月に誕生した。結婚後十三年にして始めて出来たので、町で評判になった。

今度は娘に兄の出生の事実を、いつ、どう知らせるかであった。娘は実子であるから、息子の場合とは少し違うが、兄が実兄でないと知ればやはり？ 心配はある。実はこちらは文字通りヒョンなきっかけで、一挙に解決した。私が居ないある日、母、妻と娘三人で血液型の話になったらしい。母はB、妻はO、娘もO、そして兄はBである。私がAであることは娘は知っていたので、当然問題となった。

母は何とかその場を繕う努力をしたらしいが、娘も中学三年、メンデルの法則を持ち出して疑問を提起したので、大人二人は観念して、実はこうなのだと妻が静かに話して聞かせたそうである。娘は意外とあっさり「そうか、どうもおかしいと思うことがあった。お母さんたちの結婚が昭和二十九年四月なのに、お兄ちゃんの誕生日は同年の二月。〝出来て〟から結婚する話は聞くが、子どもが〝出来て〟から結婚するのは珍しい。両親の時代では大変なことだったはず。大変進んでいた親だと思っていたが、これで疑問が解けた」と感想を呟いただけで、それほどのショックはなかったように見えたそうである。

　後で聞くところによると、娘は友達とこの疑問について話し合っていたそうで、考えれば娘も十五歳ともなれば当然のこと。親としてもっと早く真実を話しておくべきであったと反省した。結果オーライであったが、とにかく長年心配していた課題が解決された。

　案ずるより何とやらで、家族が血が繋がっていなくても、お互いに信頼しあって、明るく平和に暮らしてきた積み重ねが、一見簡単に見事に事を終わらせた要因だと思っている。そして息子が娘を年の離れた妹として親身に可愛がってきたことが、真実を知った時でさえ、娘の気持ちに何の抵抗をも感じさせなかったのだろう。年が離れすぎていたためもあろうが、兄妹喧嘩は一度もしてないと思う。神がそこまで考えて、私たちに実子の懐妊を遅らせたかどうかは知らないが。

　もう一つエピソードを残しておく。息子が東京の大学で夏休みで帰省の準備中、娘がお多福風邪に掛かった。思春期の男性が掛かると精子がなくなると言われているので、息子の帰省にストップを掛けた。しかし、息子は妹の病状を心配し、どうしても帰りたいと、自分で予防注射をして無理矢理帰省してきた。親としてはびっくりしたが、そこまで妹を気にする息子、そして兄を慕う娘、兄妹の気持ちを心から嬉しく思った次第であった。

## 進学と就職

半田高校に入れたのだから、武豊中学ではそこそこのレベルにいたということだが、地元で一流の半高では少し荷が重かったのか、スタート時点の成績は今一つ。特に二年の時は振るわず、親として進学を心配して、担任の家に何度か伺ったことがある。それが三年になって急激に向上し、見事学習院に合格してくれた。合格の連絡を発表を見に行ってくれた叔母から電話で受けた妻は、「本当ですか」と念を押してしまったという。「本当だとも。私がここに合格通知を持っているよ」との叔母の返事。

まさに感動の一瞬。大学入学まで教育すれば、後は自分で道を切り開くだろう。妻は泣けて泣けて涙が止まらなかったと語る。会社で受電し、私も感無量。死んだ従姉の面影、壬生駅をダイナマイトを抱く気持ちで武豊まで連れていったその日を思い出したものだ。

就職についても、残しておきたいエピソードがある。ゼミの教授はマスコミ業界に強かったので、息子は自然にそちらを向くようになっていた。しかし、技術者として製造メーカーに籍を置く私としては、マスコミは特殊な環境にあるように思えて余り賛同できなかったし、息子も完全に思い詰めているという様子は感じられなかった。そこで私は友人を通じて有名化学会社を紹介し、受験をさせ、何とか内定の段階に来た。私たち夫婦は大喜びであった。

ところがある日、息子から「内定を断わるからね」との電話。電話に出た妻は息子を大声で叱った。「なぜ、あの一流会社を断わるのか。紹介したお父さんの立場をどう考えるのか」と。息子は電話口で珍しく泣かんばかりであった。「この四年間、何のための勉強をしてきたか。マスコミに入るためにつきる」と。

妻もその涙の訴えにさすがに驚いて感動し、息子の行動を是認した。私も帰宅後、経緯を聞き納得し、化学会社の方は友人と、教授の推薦状を貰っていたので両方に謝った。教授には「二股を掛ける学生が多い時代に、息子さんは正直な学生だ」と誉められた。一つ腑に落ちないのは、そこまでマスコミ志望が強かったのならば、なぜ化学会社受験に同意したのかと言うことだが、まあ何十年も前のこと、これ以上詮索はやめよう。

マスコミ業界の入社試験は例年遅い。秋口に関西の民放テレビ会社の募集があり受験した。私は海軍の同期の桜が役員をしていたので、大阪に会いに行っている。この業界の試験はなかなか厳しい。息子は頑張って四次試験まで行ったが、最後はその役員から、「強力な縁故者に合格を譲る形になった。済まない」と電話があった。

次に東京のフジテレビとNHKがほぼ同時に募集があり、両方受験した。たまたま二次試験がぶつかってしまい、さてどちらを選ぶか親子で相談し、自由な雰囲気と斬新さをポイントとして民放を選んだのだった。ここも確か五次試験くらいまであったと記憶しているが、見事突破した。何百倍の競争であったろう。考えてみると、息子は幸運児である。

私は学習院の卒業式、そしてフジテレビの入社式（父兄同伴の要請あり）にも休暇を取って出席した。パーティーで息子の新入社員としての自己紹介と抱負を耳にし、満足した気持ちで武豊に戻った。息子と娘、二人の子供たちに恵まれた私たち夫婦は、本当に幸福者である。息子は国際結婚をして東京で仲良く暮らしている。それについては項を更めて述べることとする。

（一九九六年十一月三十日記）

# ささやかな国際化

息子の大学の先輩、佐々木さんから、「お母さん、息子さんが韓国の女性と交際していること知っていますか」と電話があり、大変驚いた。しかもかなり進んでいるということである。息子はフジテレビのソウル支局長として赴任していた。出発する時に、年も年であるし、会社での地位の関係もあり、このようなことはあり得るとは予想してはいたが、突然の情報であったのでショックを受けたのは事実であった。

息子は生まれつき地味な性格だったので、どんな女性に好かれたのだろうか、嬉しさと大変なことになったという戸惑いがショックの中身だった。さっそく、「どんな経緯なのか」と息子に確かめたところ、「文化教室の先生の紹介で付き合いはじめ、気に入っているが、親の反対を心配し、言いそびれていた」とのことだった。

国際結婚と言う話を聞くことがあったが、いざ自分の息子がその当事者になった時に、どう判断すべきか迷った。まず息子に言った。「国際結婚は大変な苦労があるはず。文化の差、家族のレベルの違い、親戚付き会いなど、色々考えなければならない項目が山ほどある。簡単に好きになったから一緒になるでは済まない重大なことだ」と。要するに息子は、このセリフをネガチブな意見と受け止めたであろう。しかし、息子はすでに心は決まっているようだったし、佐々木さんの電話の通り、話は進んでしまっているようだった。安定収入のあるビジネスマンとして、当然そのくらいの決意をしても良いことと理解はできるものの、親としては迷いの中で一夜眠れないほど興奮してしまった。

しかし、一晩考え、私の考えは変わった。「あの息子がそこまで思い詰めたのなら祝福しよう」と言うことに。私は韓国とは仕事の上で関係があり、多くの企業マンと交際はあったので、その民族、文化、思想について、何も抵抗はなかった。妻もすぐ賛成と決め、息子に電話をした。息子の喜びはひとしおだったことは、電話口の声色でよく分かった。ただ正直言って母は明治生まれの古い考えだったのか、この話には反対であった。これも年代の違いでやむを得ないことだろう。

気にしていた息子の結婚問題もこれで解決するわけであるが、さて国際結婚となると、一体どう進めるのか、結婚後どんな生活となるのか、まったく予想もつかない不安さはあった。外国では日常茶飯事のようだが、日本はまだまだ島国で遅れているのかもしれない。しかし、息子は現地にいて着々と準備を進めていたのである。

息子が一度父に会わせたいということで、彼女と来日した。有楽町ビルの喫茶店で面会した。安貞徳という女性で、日本語も上手だった。韓国の有名な弘益大学美術部を卒業し、日本のNHKに相当するKBSの出版部で児童雑誌の記者をしていた。清楚な感じだったし、茶っぽいスーツがよく似合う美人で、それまでも聞いていた息子好みのタイプ。あまり緊張している様子もなく、初対面だったが、お互いに自然体で懇談できて爽やかな印象だった。むしろ私の方が緊張していたかもしれない。あまり時間がなかったが、「上手く纏まればいいが」と願う気持ちで別れた。

もう一度、結納前に来日したように覚えている。息子は京都、奈良を案内したようだ。もちろん寝室は別室。ただ夜中に息子が寝ぼけて境の襖を開けてしまい、彼女がびっくりしたという笑い話を聞いたが、この身の堅さがまだ儒教思想に富む相手本人やその実家、とりわけ母親の心証を大変よくしたと言うことは後から聞いた。

一九九二年正月休みにソウルで結納。私たち夫婦はソウルに飛んだ。二人はすでに夫婦気取りで落ち着いていた。息子は、ピンクのチマチョゴリに正装したフィアンセと、嬉しそうに韓国語を操っている。彼女の家族は皆、大変物静かな常識のある家風と思えた。父上はソウル大学卒のエリート官吏だったが、彼女が高校時代に他界している。彼女は父について、「若くして米国を行き来し、韓国の鉄道幹線の敷設に貢献した」と想い出を語ってくれた。当時彼女は母上（ソウル大学薬学部卒）と弟夫婦（歯医者さん）と子供という家庭で、豪勢なマンションに住んでいた。そして親戚には大学教授、高級官吏、裁判官などがキラ星のごとくに名を連ねる由緒ある家系であった。

翌日、真の仲人を囲んで、息子たちカップルと私たち夫婦計五人で中華料理を楽しむ。華

1993年３月、息子夫婦、ソウルにて

やいだ一夜だった。いよいよ息子の結婚というと何か夢心地。すでに社会で一人前の二人なので心配はないはずであると、何度も自分に言い聞かせ、妻と話し合っていた一方で、まだ国際結婚は何か不安を感じさせるところもあったのは確かである。むしろ主人を亡くし、長女を国際結婚で日本に送り出すオモニ（母親）の決心を立派なことと感謝しなければなるまい。

三月の結婚式は緊張した。我々家族は妻、娘の他、母と弟家族だけで、少し寂しかったが、遠いのでやむを得まい（出来る限り大勢の人に、息子の嫁を紹介したかった気持ちであったが）。式は日本のような派手さはないが、多くの韓国の方を迎えて厳粛に行なわれた。数年でこれほど大勢の韓国の友人に祝福していただけるようになった息子の交際に驚きもしたし、嬉しくもあった。

息子の勤務先のフジテレビからはお忙しい中を、常務を始め十人近くご出席いただいたし、佐々木さんもわざわざ来ていただいた。本当に有り難く、親として感謝の気持ちで一杯であった。いい上司、先輩や友人に恵まれ、息子は幸せ者である。

美人の花嫁、安さんに控え室で「おめでとう」と声をかける。白無垢のウエディングドレスで、いっそう美貌が輝いて見えた。バージンロードは韓国式に夫婦二人で歩いたが、息子が緊張してドレスの裾にちょっと靴をひっかけてよろけ、場に一瞬笑いが漏れた。

仲人の挨拶の後、私が新郎の父として、感謝の言葉を述べるとともに、新生活に船出をする二人に祝いのメッセージを贈った。チョヌンと最初は韓国語でやった。「韓日両国は一番近い国同士であるが、どうも政治的に微妙な関係にある。二人の幸せな生活が韓日親善の一助になることを願っている」と結んだが、後で好評であったと聞き、責任を果たせたと嬉しく思った。日韓でなく韓日とする配慮も忘れなかった。

彼女の親戚や友人たちの色とりどりのチマチョゴリに、「ああ、今、韓国で息子夫婦が誕生した」という感動に身が震えるのを覚えた。花嫁のプレゼントである原色のチマチョゴリを装った娘と二人の姪の艶やかさも、特に印象に残っている。新妻の友達のコーラスの伴奏を娘がやったが、式場の手落ちか、ピアノの調律が不十分で聞きづらかったのは玉に瑕。

ウエディングケーキへの入刀の儀式は、結婚式終了後、ロビーで披露宴の直前に行なわれた。日本とやり方が違うのである。新しい親子で写真に収まる。

次は披露パーティーだが、韓国では新郎側と新婦側それぞれ隣室に席が設けられ、新カップルや親たちは両室を謝礼に駆け回る方式だったのには驚いた。その後で古いしきたりによる儀式があった。韓国衣装のカップルを囲んで、家族のみが祝うイベントだ。ナツメを投げたり、新郎新婦二人で一つのナツメを食べあったりするが、これは必然的にキスとなる。いわゆる事始めであろう。なお、その座敷には新郎の家族だけが席に着け、新婦の家族は廊下でそのイベントを眺めるのみということで、披露宴を分離することも合わせ考えると、韓国の慣習の古さを感じてしまう。

二人は忙しかった。我々一行八人、社宅に泊まっていたから、新婚旅行もなく気の毒だった。初夜どころではなかったろう。

これで篠原家に家族が一人増えたことになった。親の責任を果たした喜びを、妻と分かち合った。二人の新生活に幸あれ！

佐々木さんの後日談を残しておこう。たまたま訪韓して息子に半分冗談で、「どうだ。いい人でも出来たか？」と電話した時の息子の返事、「それならいる」にびっくりしたそうである。では是非会いたいと言うことになった。佐々木さんの感想は彼女、安さんは如何にもキャリアウーマンタイプで、しっかりした感じであったよし。息子は文章を書かせたり、演説をさせれば立派にこなすが、普通の会話は少し朴訥なので、果たしてウマが合うだろうかと心配したそうである。

後で私が彼女に聞いたところによると、息子がいつも本を読む勉強家タイプである点に魅力を感じたらしい。とにかく二人はピッタリで、今でも我が家に遊びに来ても手をつなぎ合ったり、髪を直し合ったり、見ていられないくらい仲がいい。親としては何も言うことはない。

実は結婚一年三ヵ月後、息子はソウルで或る事件に巻き込まれることとなった。幸い十ヵ月で一応解決したが、そのプロセスで新婦人の献身的な愛情と努力は涙なしには語れない。急遽、ソウルに飛んだ私に対しての彼女の第一声は、「お父さん、この事件で私たち夫婦の絆はいっそう緊密になりました。私は妻です。最大限の努力をして主人を激励します。毎日面会に行くのは、妻の務めです」だった。

私は嬉しさに泣けた。そして「息子は素晴らしい女性を見つけ、嫁さんにした幸福者よ」と思ったのだった。雨の日も雪の日も、数十キロの道程をマイカーで面会に行き、息子を激励し続けた彼女には、親として感謝の気持ちで一杯である。また彼女の母親の理解とバックアップも、実に偉大だったと感謝している。

表題は「ささやかな」としたが、気持ちの上では大げさかもしれないが、我が家の国際結婚万歳！　である。

（一九九六年八月十二日記）

# 娘の結婚

## 青天の霹靂

私は大学卒業の翌年、六年間の長すぎた春に終止符を打って世帯を持った。故あって妻の姉の息子を養子とし、保育園時代から育てたので、父親としての経験というか実績は、自分として自信があったが、実子は長い間授からなかった。ところがである。結婚後十三年目の、一九六七年に青天の霹靂というか、妻が医者に「おめでたです」と告げられたのだった。妻はベッドで飛び上がったそうである。なぜ産婦人科へ行ったのか？　腹部に違和感があり、内科で埒があかずに、最後に婦人科となったらしい。病院から会社に電話があったが、私も「ほーっ」と驚くしかなかった。

実はその年の五月の連休に妻、息子を愛車スバル三六〇に乗せて、武豊から彦根城までドライブした。揃って彦根城の狭い急な階段を上ろうとした時、妻は何か下腹に得も言われぬ異常を感じたので、息子と二人だけで天守閣まで上った。後で考えれば、夫婦がまったく予想もしなかった妊娠三ヵ月で、無理すれば流産の危険もあったかもしれない異常だったと思う。今も家族の語り草である。

その娘がこの五月に結婚した。子供の時から妻に似て、明るい世話好きの性格だった。中学時代に私の転勤で武豊から壬生に転校したばかりなのに、登校拒否の生徒を自宅に行って学校に連れてきたり、グループの幹事を引き受けたりしていたが、私は良い性格だと喜んでいた。一方、私の血を引いたのか？ 音感は抜群で、保育園時代に帰宅すると、直ぐお向かいの家のピアノに駆け込んで、その日に習った歌をポンポンと弾くということが繰り返された。妻から、「ピアノを買ってやりましょう」と言われた時、私はすぐＯＫした。

後二、三、娘の音感に関するエピソードを加えておこう。まだ歩けない頃、天井に紐を引っ張ると、カランカランと明るい音のなる玩具を取り付けて、昼寝の寝床の真上に吊るしておいたが、喜んで引っ張っていた。ヨチヨチ歩きの頃だったか、当時では珍しい食器洗浄機を台所において使用していた。現在ほど性能が良くなく、しばらくして廃棄したが、洗浄音がシャバンシャバンとリズムを醸し出して、狭い社宅の座敷に響くと、それに合わせて腰を上下に振って喜ぶのだった。

また、なぜか掃除機のブーーと言う連続音も気に入ったらしく、機嫌が悪くて泣いていても、この音でパタッと泣きやむのだった。駄々をこねて泣き出すと、「ホラホラ掃除機！」と言ってすぐスイッチを入れ、泣きやませるのに苦労はしなかった、と今も妻と思い出しては笑っている。この頃はまだ音感がどうのこうのと考えてもいなかったが、今考えれば、音に関して何か感受性が高かったと言う証であろうか。

ピアノを手元にしてからは、名鉄の警笛や夜泣きそばのチャルメラのメロディーも、聞こえると直ぐその場でピアノで再現した。いわゆる絶対音感の持ち主だったのだ。

実は私も絶対音感ではないが、戦時に教育を受けた年代としては、友人たちよりは音感がよく、先生に「お前は耳がいいな」と何度か誉められた記憶がある。当時は米国戦闘機や爆撃機の爆音を聞いて機種を当てるというテストがあったが、抜群の正解率だった。

さっそく娘をピアノ教室に通わせたが、他の同年者より進みが早く、特別扱いされたこともあった。教室の発表会では、低学年時代から高学年の序列に入って演奏し、他の父兄のどよめきを起こし、親として満足したものだった。本番に強かったのはどちらに似たのだろう。中学から高校へ進んでもピアノは続けた。しかし、よく一日五、六時間も練習すると言う話を聞くが、娘の場合、練習時間は長くて二時間、ほとんどは一時間以内、まったくやらない日もあった。

小学低学年時代には何度「なぜやらないか」「もうピアノを止めろ。ピアノを捨てちゃう」と叱ったことか。しかし、娘は泣きながらかならず「止めない。捨てたらいや」と意志表示をした。本質的にピアノが好きだったのだろう。しかし、小学高学年以降はさすがにこの種の会話はなく、娘も意識して励んでいるように感じた。

娘は語学も好きだったので、高校三年になり、大学に進むについて、英文科にするか音大にするか迷った。親とすればツブシの効く英文科を進めたようにも思うが、あまり強い意見は出さず本人に任せた。結局、本人が音大と決心した。先生が国立（クニタチ）音大向きだと言われるので、国立一本で受験準備をし、見事一発で合格してくれた。

発表の日「お母さん、受かったよ」「何科？」「ピアノ科よ」（第二志望は教育課程）の母娘の電話の会話。妻は感動した。今でも娘に「私は浪人せず親孝行したのよ」と自慢されるが、その点は同意せざるを得ない。私も会社で朝から落ち着かなかったが、合格の電話を妻から聞いた時の喜びは忘れられない。たまたまデスクにおり、大声で万歳！と叫びたかったが、そうはいかない。喜びを噛み締めて「良かったな」と妻に答えた。

女子大時代は立川に下宿させたが、親は心配でよく夜に電話したものだ。たびたび留守で文句を言ったが、今の時代の女子大生の平均的行動として仕方がなかったのかも知れない。音大でも成績は良く、あの有名なダン・タイ・ソン氏の特別生徒に抜擢されている。今は自分でピアノ教室を主宰しているが、私としては本人にその気さえあれば、ヨーロッパに留学させ、本格的なピアニストに仕上げたかった。妻や娘に話すと笑われるが、親馬鹿かもしれないがそのくらいの素質はあったと思う。

宇都宮で父兄懇談会があり、「娘さんの成績なら、どこでも留学の紹介をします」と勧められたが、妻は娘を一人で留学させることに反対だったので実現しなかった。私がその会に出席していれば、また違った対応をしたかも知れない。もっとも、本人も留学にはかならずしも積極的ではなかった。仮に留学していれば、多くの実例のように現地で国際結婚の道を歩んだかも知れないが、それはそれで一つの人生だったろう。

たまに立川の下宿に泊まり、娘の溌剌とした生活に触れるのが楽しみだったが、彼女は料理が好きで、かならず翌朝の食事について、「お父さん、和食がいい？　洋食にする？」と質問し、私の好みに合わせて準備してくれたのは嬉しい思い出である。娘のまめで優しい一面である。

卒業後二ヵ月ほど経って自宅でピアノ教室を始め、すでに七年余、口コミで次々に生徒が集まり、今では五十人を越していて、何人か順番待ちをしている。なぜなのだろう。娘は世話好き、子供好きで、生徒たちと友達の感覚で接しているからだろうか。風邪で学校を休んでもピアノだけには来る生徒もいれば、男子では髭の生える高校生になっても続けているし、校内で暴力を振るう問題児も娘に、「なんで暴力、振るうの？」と窘《たしな》められ、「自然と手が出てしまうス」と頭を掻いているらしい。少しアネゴ的なところもあるのだろうか。実は妻にもその血は流れていると感じている。

冒頭に記したように、娘には兄が一人いる。兄妹は十三歳違うので、私は一人っ子を二回育てたような気がしている。兄妹は子供の時から喧嘩をしたことはまったくない。喧嘩するには年の差がありすぎたのだろう。

もう一つ逸話を入れておこう。実は私はある凍結の深夜、マイカーでスリップし、自爆事故を起こしたことがある。事故後、大破した車を修理業者に任せ、タクシーで帰宅したが、家族は心配して、大病院までタクシーをとばすことになった。私は単なる打撲で軽く考えていたが、娘は付き添いたいと言うので同行してもらった。交通事故の診察だから、当然頭蓋骨のレントゲン撮影後に診察となったが、娘は当然のように一緒に診察室に入ってきた。私は「そこまで心配するな」の気持ちだったが、特に拒否もしなかった。

医者が私の写真を診た第一声は、「お年ですから、脳が少し萎縮していますネ」。私としては予想だにしなかった言葉だったが、「還暦を過ぎれば、誰でもあるのかな」くらいに考えて、特に気にもしなかった。ところが、隣にいた娘が小さな声で、「あのー、写真が違うようですが」と呟いた。医者がすぐチェックすると、確かに私とは別人の名前が記されているではないか。年齢は何と八十五歳。直ぐ私の写真を取り寄せた医者の言葉。「脳はまったく正常です」。

私は「当たり前じゃないか。大病院が何やってる」と怒鳴りたくなったが、笑い飛ばすことで終わらせた。事故を起こした直後で、私も多少冷静さをなくしていたのか、自分では写真の間違いに気づかなかったが、娘は冷静に、病院のミスを見抜いたことに感心した。まだまだ子供と思っていたが、想像以上に親を心配してくれるし、また頼りになるなと感心した。

## 見合いから恋愛へ

娘を嫁に出す話を職場でしたら、皆から「親父は涙、涙の披露宴になる」と予告された。私は親としていつまでも独りでは困る。人間として愛情を分かち合う伴侶を持つことで一人前になることは、喜ばしいことだと思っていたので、泣くことはないと予想していた。

娘の見合いの相手は、飯塚哲郎さんという高校の先生だった。元来、親戚に先生が多いが、先生方は大体真面目である。娘は妻に似て？　騒ぎ屋なので、「先生はいや」と言っていた。しかし娘の高校、音大のクラスメートで先生をしている友人がいて、その職場旅行に誘われてサイパンに旅行したことがあったが、たまたま愉快な先生たちが数人おられて、先生についてのイメージを一変させられたと述懐していた。それで、今回の見合いをする決心と相成ったらしい。

さて、第一回のデートの感想では、お互いに会話が途切れたらしいが、これは当たり前のことである。しかし、親としてはまた纏まらないのではないかと予感がした。お互いに忙しく、次のデートまでに約一ヵ月の時が過ぎたが、私も余り期待していなかった。

ところが、九月に私の米国出張があり、約一週間留守をして帰宅したら、様子が激変していた。何やら娘が浮き浮きしてもっぱらデートの話。一体どうなったの？

後で聞くと、九月二十日頃、神宮球場に公式戦を車で観に行ったらしい。約十時間一緒にいたので、それまでになかった会話を通して親密さが出たのだろうか。とにかく二人の関係は急速に進展し、完全な恋愛状態に入ったと観察していた。相手のご両親もいい方らしい。父上は高校の校長だったそうで申し分なし。本人も学生時代はクラスの人気者と言う話を聞くことが出来た。親としては、もし彼さえよければ早い方がよいのではないかと思うようになった。結納はしてないがそこまで好きあったなら、決心してよいと思った。

そのうちにデートは毎週となり、しかも深夜までのドライブの連続で、親は健康管理を心配した。「成人なのだからほっといてくれ。心配するな」が常識なのだろうが、少しかまい過ぎる嫌いがあったかなと思う。

　ある夜、あまり遅いので彼の実家に心配だとも言えず、「哲郎さん、携帯電話持っていらっしゃいますか」と言う入り方をしたら、当然こちらの本心がばれて、「娘さんの場合は心配するのが当然かも知れませんね。息子の場合は一度も気にしたことはありません」と言われてちょっと恥ずかしかったが、友人に話したら、「一度そう言う電話したことは、娘の躾けの厳しさが伝わったはずなので、哲郎さんにも、また実家にも良かったのではないですか。但し繰り返しはタブー」と言う意見があり、自分でもそうかなと感じ、これ以上の繰り返しは避けた。

　哲郎さんは携帯電話は必要ないと思っていたらしいが、直ぐ購入したそうである。深夜までのデートで、プラトニックの一線を越えることはないのだろうかなどの余計な心配もしたが、ある時機から今の時代だし、本人たちが信頼しあっているなら、正式な式はセレモニーだから、そんなことは気にしないというように変わった。

　二人は一九九八年元日には、初日を拝むとか言って五時頃、筑波までドライブに出掛けた。すでにフィアンセといえる関係にあったが、彼は凍てつく約四十分の道のりを迎えに来たのだ。かくして一月に結納。五月挙式とあいなった。高校の先生なので、出来れば休暇中が良いが、三月では準備期間が短すぎるし、夏は暑すぎる、冬までは間があり過ぎると言うことで、五月とし、彼が中間試験で少しゆとりのある週間を選んで決めた。

　ところで、式については、式場の決定から形式、費用のランクや家具の選定まですべて新カップルで進めたので、両家の親は何もしなかった。もちろん大体の予算の大枠は伝えてあったが、ただ金を出すだけ。冗談でなく本当だ。一つ新居だけは妻の友人が家主をしていたので依頼し、幸いそこに決められた。

私は花嫁衣装については白無垢、お色直しは和装一回、洋装一回を考えていた。娘は洋装で教会でやりたいと言った時に反対した。しかし、娘の友人から何かの機会に、「娘さんはお父さんとバージンロードを歩くことが恩返しになると考えて、教会で挙げたいと言っていましたヨ」と聞き、嬉しさにホロリとし、一発でOKした。父親の甘さと言われそうだ。

**新婦との連弾**

さて式の話に移ろう。

当日、私の車で妻、息子夫婦と娘の五人乗りで、宇都宮の式場東武グランデに向かう。到着後、彼女たちは衣装を整えるため美容室に、男性はロビーで新郎の父親や仲人さんと談笑する。ほどなく両父親は更衣室でモーニングに着替え、ロビーでお客さんをお迎えする。式場のロビー、控え室に徐々に参列して下さるお客さんが到着し、話し声が賑やかになってくる。皆さん正装なので、ことのほか華やいだ雰囲気である。親として皆さんに感謝の挨拶を申し上げるわけだが、何年か、この日この時を待ちに待ったという感激で胸が一杯であった。

ほどなく新郎新婦が晴れ姿を現わした。新郎はグレーのタキシード。新婦は白っぽい上品、清楚なウエディングドレス。笑顔が何ともいえない。まさに嬉しさ一杯の表情。「素晴らしい」。何と形容していいのだろう。ドイツ語のシャンという表現はこのことか！　これが我が娘か！　と息を呑んだ（親馬鹿かも知れない）。よくここまで育ってくれた。「素晴らしい花嫁姿だよ」と抱きしめたかった。そんなことしたら哲郎さんに叱られよう。

哲郎さんは少し緊張気味で、笑顔がやや硬かった。男性は本質的に照れ屋なのだ。娘は常に微笑みをたたえ、あたかも演技者のように淑やかに振る舞っていた。新郎新婦はしばらくロビーで来賓に御挨拶をしていたが、世話役に導かれて両家の控え室に交互に席を取り、親戚の方々ににこやかに御挨拶をしていた。私は常に新婦の側にいたかったが、父としてそういうわけに行かず、ロビーでお客さんに答礼を続けていた。

1998年５月、挙式直後の新郎新婦

いよいよ定刻となり、式への参列者は式場へ誘導された。花嫁の父として最初の大役が始まる。私は娘とバージンロードを歩むのだ。音楽と共に扉が開く。大勢の参列者が正面を向いて座っておられた。腕を組んだ二人は、第一歩を踏み出す。左右右左と交互に足を運ぶようあらかじめ言われたが、気をつけないと足が縺《もつ》れてしまう。両側の参列者の目を感じながら、正面に待つ哲郎さんの前で娘と向き合う。「幸せにネ」と囁《ささや》くと、新婦である娘は、瞳を輝かせてにっこりと頷《うなず》く。正面に向き直り、娘を哲郎さんに渡す。これで父の役目が終わった。後ろから周って最前列の定席に座る。

式の開始。牧師が聖書の教えをベースに分かりやすいお話。哀調を帯びた賛美歌。コーラス隊のハーモニーが素晴らしい。透き通ったベールを新郎が優しく上げる。二人は一瞬、目と目を合わせ、娘は微笑む。哲郎さんは緊張。指輪の交換。娘の指が少し太く（？）嵌《は》めにくそう。手順通りに進んで、牧師が右手を掲げて、新カップルの誕生を宣言してくれた。篠原姓が飯塚姓になったのだ。良かった、良かった。しかし、チョッピリ寂しさが襲ったことも事実で。これも仕方がないことと思う。

写真撮影。この機会に妻と二人の写真も記念に撮ることとした。いよいよ披露宴が始まる。シャンデリアが消え、入口にスポットライト。橋本先生（フルートの演奏家。娘が時々伴奏役をこなした）と菊地さん（娘のピアノ教室のOG）の生演奏で扉が開き、新郎新婦が入場する。感激の一瞬。「佐枝よ、素晴らしい伴侶に巡り合えて良かったね」。仲人さんのご挨拶。嬉しさで何かボッとして、夢うつつで聞いてしまった。続いて両主賓のご祝辞を頂く。哲郎さんも、私が思っていたよりも幅広い活動範囲を持っているように感じた。特に映画作製に興味があるなど、私のような技術者からは正反対の分野のように思った。

主賓奥田先生（音大の恩師）のお言葉は、親として嬉しかった。晴れの舞台での祝辞なので、よい点を強調されるのは当然だろうが、成績が抜群でダン・タイ・ソン氏のレッスンを受けられたと紹介してくださったことは有り難かった。石井先生（高校生までのピアノの恩師）からも、娘の音楽への感性の優れていた点を紹介され、親として感激した。先述したように、子どもの頃よく叱ったことを、この場でもまた思い出した。

披露宴の構成について、どちらの両親もまったく相談に乗っていない。二人で色々企画していたようだ。いざ蓋を開けてみたら、これまで何度か参列したことのある披露宴と、幾つかの点で変わっているところがあった。席札は娘が参列者百五十名分を自分で作成した。これは自宅で作業していたので知っていた。頼むと一枚二百円だそうで、少しでも経費を切りつめる策だといっていたが感心していた。

各人のナプキンも、二人でどこかで選んだものだそうで、「お持ち帰り下さい」と司会者が言っていた。

そうそう、ウエディングニュースペーパーとしてB４版の小綺麗なチラシが受け付けに備えてあった。二人で編集したらしいが、結婚に纏《まつ》わるトピックスを、面白おかしく写真入りでプレゼンテーションした代物である。披露宴の献立から新居の地図まで、懇切丁寧に書かれている。それぞれの友人のユーモアたっぷりの紹介にも、思わず笑わせられる。よくこんなことを企画したものだと感心した。

二人の最初の共同作業と良く言われるケーキへのナイフ入れ。単純なデコレーションケーキでなく、沢山のクロカンブッシュを螺旋状に並べたセットにナイフを入れるのだが、そのケーキを、そのまま各テーブルに並べるというシステムだった。親馬鹿かもしれないが、何もかも斬新で素晴らしく感じてしまう。

　私は仲人さん、新郎新婦から主賓席、親戚、新郎新婦の友人席すべてに挨拶をしてまわった。喉を傷めていたが、席の盛り上がりに同調し、おそらく喜びの表現とお礼に大声をあげていたと思う。早めに息子の嫁さんを会社の友人に紹介したが、嫁の報告では、「お友達は息子さんのことは百回聞いたかもしれないが、貴女のことは三百回以上聞いた気がすると言ってました」と。私は息子の事件に関して、感心な立派な嫁さんと自慢していたのである。

　お色直しで装いを換えた二人が、流れる音楽と共に入場する。黒のチューニックの哲郎さん、ピンクの華やかなドレスの新婦佐枝、またまた見とれてしまった。面白い試みは、ここでも見られた。普通のキャンドルサービスをしないで、各テーブルで新郎新婦を入れたスナップをプロカメラマンに撮ってもらうのだった。両親のテーブル、親戚、友人、主賓席、それぞれ賑わいかたが違い、撮影光景を見ているだけでも楽しかった。

　哲郎さんの教え子がセーラー服で、それぞれ花束を持って入場する。「テッチャン（先生）、格好いい！」。何人からか同じセリフが響いて場を賑わした。続いて娘の生徒の番となる。保育園から多くの女子小中高の生徒たちに、それに髭の生えかかった大きな男子高校生徒まで混ざって列を成す。二人とも先生冥利に尽きる一齣ではなかったろうか。生徒と向き合う二人には、一瞬、緊張が解けたような笑顔が走っていた。

　橋本先生と菊地さんの演奏は、適当な間を挟んで続く。大変場を盛り上げていただき有り難い限りだが、食事もなされないので申し訳ない気持ちがする。

娘の生徒で中学一年の〝優等生〟の二人が連弾。さすが調子はピッタシ。娘も満足げに、二人に優しい眼差しを投げていた。

哲郎さんの同僚たちのくだけた祝辞で場が賑わい、直ぐ郷ヒロミばりの歌となった。ゼスチャーを交えてなかなかの出来栄え。それの最後に加山雄三の歌となり、新郎哲郎さんは無理矢理マイクを持たされて、「僕は生徒と佐枝が好きだ。生徒と佐枝を離さないぞ」と叫ばされた。余興とはいえ、哲郎さんの正直な気持ちと信じて嬉しかった。

先生有志のかの有名な白鳥の湖が始まった。入り口から白い衣装を纏った数人の先生（すべて男性）が脛毛脇毛を出して小走りに入ってきた。音楽に合わせながら踊ったつもりなのだろうが、かならずしも合っていない。この場合は芸術性を出す必要もない、場を盛り上げれば十分と考えれば、まさに立派な演技である。会場の一同、文字どおり大笑い。まさに最高潮に達した。

演技が終わって、踊り子たちの自己紹介があった。「中学生の子どもがいます。写真を撮った方、絶対に現像しないで下さい」には、会場はふたたび大爆笑。「新郎哲郎さんも、前回まではこの白鳥の湖の常連でした」のアナウンスに三度爆笑。

司会者が静かに「この演技とは対照的に、次は新婦とお父さんの連弾です」と宣言すると、会場は思わず驚きのどよめき。私が席を立ってピアノに向かって進む途中で、「昌史さん、ピアノやるんケ」と幾つかのテーブルで話しているのを耳にした。私の挨拶。「まさに感動

1998年、娘の結婚披露宴で連弾

の極み。感動でメガネも曇るし、アルコールも入っているので、普段の実力の半分しか出せない」。会場爆笑。

さていよいよ演奏。意外に滑り出しは好調。しかし、細かい十六分音符の箇所は何ヵ所か指が滑って、音が消えてしまった。メイン旋律は上手く？ いったが、終わり近くちょっと詰まった。

一瞬ドキッとしたが、さすが佐枝先生、ソッと口ずさんでくれたので、直ぐ回復できて終点まで曲は流れた。二人で一礼して席に戻る。皆さんから大変喜ばれたようだしホッとした。妻は私以上にホッとしただろう。

「花束贈呈はしないよ」と言っていたが、司会者が両親に出口に並ぶよう指示をした。二人は金屏風の雛壇から下りて、花束でなく、それぞれが自分の両親に感謝のメッセージを記したセフローラを携えて歩み来たり、それぞれの母親に手渡したのだ。二人のデートのスナップをバックに感謝のメッセージがあしらわれていた。私は二人の新しい感覚に、ここでも感心したし感激した。

新郎のお父さんのお礼の挨拶、最後に新郎哲郎さんのお礼と新家庭建設の決意を込めた挨拶で、華やかな披露宴は幕を下ろすことになった。

出口の金屛風の前に新郎新婦、仲人さんと我々両親が並んで、お帰りになる方々に深くお礼をした。

今まで何度か婚礼に招かれ、早く娘もこういう場面を設定しないかなと心配もし、期待もしていたが、今、現実に私は花嫁の父として、皆さんにお礼を申し上げているのだと、何度も何度も喜びを噛みしめていた。妻も同様、いや母なるがゆえに父親以上にその感慨があるのではなかろうか。

とにかく、世間で言われる花嫁の父の悲哀については、まったく感じない百パーセント喜びに包まれた一日だった。娘よ、少し古い言葉になるが、最良の伴侶と新生活に入るわけであるが、二人で理想を描いて頑張って欲しいし、哲郎さんのご両親にも可愛がられる若奥さんになって欲しいものだ。


実は私、その三日前に風邪を引いていたが、当日は興奮していたのか、治癒したと思って夜遅くまで新郎のご両親とホテルでお話しし、帰宅したのは十時過ぎだった。ところが、翌月曜の午後から微熱が出始め、後で解ったことだが、肺炎が進行していたのであった。

結局、その後通院し、毎日点滴で抗生物質を浴びるほど注入し、治まるのに二週間掛かった。四十五年の会社勤めで、こんな長い病欠はまったくなかった。七十歳近くなり、始めて病気らしい病気を体験したと言える。タイミング良く医者の門を叩いたのが幸いし、肺炎としては比較的軽く治まったのだろう（この病気については別章に詳述）。

（一九九八年六月二日記）

# 第二章　技術屋のひとりごと

# バランス感覚のすすめ

## (一) 市民生活から地球環境まで

財政再建を棚上げした予算（二〇〇〇年度）が執行されようとしている。国民一人当たり約五百万円もの借金は、先進国で最悪という深刻な数字だ。景気回復という錦の御旗が当面これを容認しているが、もう少し将来像が示されるべきだろう。子孫に付けを回す、この政策は、後年どう評価されることだろう。

私は政治ばかりでなく実社会のあらゆる修羅場は、黒白でなく灰色の中で時代感覚を働かした舵取りだと思っている。時流は通常、一方に傾きやすい。それに惑わされず、対立する立場をも冷静に配慮するバランス感覚がいつも重要なカギを握ると思っている。

兜町では、企業のリストラは「カイ」である。しかし、ビジョンを掲げない単なるスリム化は、企業の長期的発展を自ら否定することになる。なぜならば、赤字で当面切られる運命にある新規事業は、将来の宝かもしれないし、夢を失った優秀な人材の流出は企業財産の喪失だからだ。

新鋭の自動装置も、自動車のハンドル同様、アソビがないと安定的な運転はできない。企業でも適切なゆとりを残さないと、システムは軋《きし》んでうまく機能しない。経営の度量が問われるところだ。

学生生徒の基礎学力低下が問題視されて久しい。どの社会でも基礎学力がなければ、役に立たない。課題開発力や想像力がうんぬんされる場合があるが、基礎的な知識があってこそ初めてそれが生かされる。

昨今、偏差値が悪者扱いされているように思える。もちろん統計だから個々には例外もあるだろうが、私は依然として基礎学力を大ざっぱに把握する重要な指標の一つだと認識している。もっと堂々と偏差値の扱いを論じ、評価してよいのではないだろうか。

学業ばかりでなく、最近は運動会でも徒競走に代わって、ムキダシの競争心をあおらない借り物競争などが歓迎されると聞く。「とにかく楽しく!」という、仲良しクラブ的な学校生活を重視する傾向が強いように思う。

しかし社会に出れば、すべて競争。企業自体も厳しい環境にさらされ、メーカーは技術開発競争に敗れれば、たちまち倒れる。社員は自らの生活をかけて、緊密なチームワークの中でお互いにライバル意識を持ってしのぎを削るのである。その結果、当然落ちこぼれの社員も出てくる。それが実社会、競争社会の原理原則だ。私は、いろいろな面で子供時代から年齢相応な競争心を闘わせることは、むしろ必要だと思っている。換言すれば、客観的な数字情報を自他共に認め合って事を進める厳しさが、もう少しあってもよいのではないだろうか。

さて、巨人ファンには失礼だが、昨年は四番打者のみをそろえても、総合的には機能しなかった実例を示した。野球界でも、バランスがモノを言うのである。二人の大物選手を入れたプラスで、今年こそは優勝を狙えるかもしれない。しかし、このチームの場合、助っ人の受入れの繰り返しは自ら選手を育成するというノウハウの蓄積上、深刻なマイナスになるだろう。

終身雇用の企業でも組織の活性化のため、社外からのスカウトが盛んになった。が、過度に走れば生え抜きの意欲に影響無しとはしない。現在は厳しい能力主義が正論となっているが、抜擢された数パーセントのエリートだけでは、組織力は知れている。全体の約四十パーセントに当たる平均的なグループのヤル気をどう出させるか、同時にバランスをどう取るかが最大の総合力につながる。

最後に、地球規模での最大課題は、環境を保った条件での経済発展だろう。政治だけでなく経済界、また豊かさを謳歌《おうか》している先進国の国民一人ひとりの協力で、ぜひ達成しなければならない。次世代への何よりの贈り物として。

（「下野新聞」二〇〇〇年二月六日）

## (二) 研究活動の場合

地球環境の保持は、今や国際的に最大の課題であろうが、経済成長もまた重要な関心事である。この両者は要するに、トレードオフの関係にあるわけで、如何にしてバランスをとるかということにつきると思う。

私は企業経営も、常にこのトレードオフのバランシングの積み重ねと考えている。今回は研究開発という切り口から少し考えてみたい。

まず、中央研究所の効用、企業における基礎研究と開発研究、長期的シード型テーマとニード型に関するウエイトの置き方については相通ずるところがあるが、環境に揺さぶられることはないだろうか。まったく不動に!! とは云わないが、企業の永続性、研究機能の本質を考えれば、少なくともバランス感覚をベースに芯が一本通ってなければなるまい。

研究者、研究管理者の資質についても然り。新規事業の立ち上げには、不屈の執念と闘争心、さらにはある種の偏屈さまで必要視される一方、素直さ、退き際の潔さもまたよく研修会の題材となる。挑戦意欲の塊りのようなベンチャーは、表舞台では突撃あるのみで、華やかなサクセスストーリーを演ずるが、一方、撤退をふくむ変わり身の早さも身につけているといわれる。情報化時代にあっては、朝令暮改も合理的フレキシビリティと評価される施策かも知れない。

研究者へのハングリー精神注入についても考えてみよう。もちろん、これを精神面の支柱とする思想に異論はない。しかし、今日、研究のスピードアップには装備率をあげた環境構築は必須であるし、また豊かな創造力の醸成は、ハングリーよりも、むしろゆとりのある文化あって始めて成就されると説かれる場合が多いが、これまた頷けることである。研究開発を技術戦争と理解するならば、近代兵器なしには勝利できないからである。

飽食時代に育った集団を奮い立たせるには、時代にマッチした施策が必要であるが、基本的な精神面と、物質面のバランスについてどう手綱さばきをするかであろう。

ここまでくると、マルチメディア旋風に触れないわけにはいかない。ネットワークの普及は、企業活動の仕組みを急激に変革させつつあるが、私はこれはあくまでも道具であり、フェイスツーフェイスの文化を否定し去るものでなく、バランスを保って共生するものと信じている。

ただ両者のバランス点は、二十一世紀に向け着実に変動しつつあることも確かである。究極のOA、LA（オフィスオートメーション、ラボラトリーオートメーション）の姿を想像する時、その凄まじい効率は理解できるが、私自身ちょっぴりロマンの喪失が頭を過ぎるようでは、まだマルチメディア時代の人間に成り切っていないのかと反省している。

世の中の思想情報は、評論でない限り一方のスタンスに立つのが常である。物事の判断に際しては常に、多面的に情報を解析評価して、黒白をつけるというよりも、バランスに賭ける場合の方が多いのではなかろうか。これは妥協でなく、現実問題としての方程式の最適解を求める行動と思う。

ただ重要なことは、この最適解が時代や環境という条件を盛り込むことにより、当然変動するということである。一時の決定にかかわらず、常にトレードオフの関係にある諸要因を、バランス感覚で反映させるのが経営のポイントであろう。

（「リサーチ・マネジメント技術交流協会会報」No.46・一九九五年十二月）

## (三) 研究者として

約三十年前のこと、故渡辺専務がアメリカ出張から帰って、研究管理者の部屋をそれまでの大部屋から個室に改造したことがあります。環境を整備し、豊かな発想に繋げようという考えだったと思います。欧米の会社や研究所を訪問すると、今でも個室システムをとっている会社が多いようですが、新しいベンチャー研究会社のラボでは、大部屋方式が流行《はや》っているように思います。

彼らの説明によると、日常の生活の中で、対話と交流が情報化時代の研究のスピードアップに必要であり、それには、大部屋が効果的のこと。当社のラボは、以前からたいてい大部屋方式になっていると思います。花王では従来個室方式であった役員室を、大部屋方式に改め、役員相互のコミュニケーションを図るようにしたと何かで読んだことがあります。このように、一つのことを取り上げた場合、色々な考えがあり、それに時間軸も絡んでくると、まったく逆の判断がなされることもあり得ましょう。

我々人間は、ともすると多面的な判断をせずに、ある一方向にのめり込む傾向があると思います。現在はコンピューターが公私あらゆる生活に入り込んでおり、これからは、車と同じようにコンピューターがますます幅を聞かす世の中になることは間違いないでしょうが、まだまだ万能でないので、振り回されないように〝うまく〟使いこなす態度が必要と思います。

次に情報収集を取り上げてみましょう。現在、コンピューターによるデーターベースの検索は、研究活動に欠くことは出来ない常識的手法であります。地球上だれでも同時にアクセスできるということは、確かに素晴らしいシステムであると思います。しかし一方で、検索情報は、決して最新でない、一年以上前の使い古しに過ぎない、それよりも足で稼ぐ生情報こそ、新製品開発に重要であるとの意見が優勢になる時もあります。

一人の人が一年間に会える人数は、物理的に限界があります。したがって生情報にも限界があるでしょう。

一方、検索情報は膨大な量がえられますが、それを解析することにより、最新の状況を推定するところまでやって、始めて本物の役目を果たしたことになるのです。いずれにしても、検索、生、どちらがより重要かということでなく、両者をいかに〝うまく〟ミックスして活用するかということにつきると思います。

最近流行のCCS（コンピューターケミストリー）についても、同様のことがいえます。CCSはいまや医薬研究を中心に化学分野ばかりでなく、物理、物理化学、建築、土木などあらゆる学問、技術関連で取り上げられており、技術検討の省力化、スピードアップの重要な手法となってきています。この手法によるデータを整えないと、討議に応じない医薬会社もあると聞いています。

しかし、逆に実験こそ科学のベースであり、その緻密な観察と解析が新技術、新製品の母であるという考えもまた正しいと思います。さらに、生実験の予期せざる失敗から、偶然にも素晴らしい発明がなされた例が数多く物語りとして伝えられていますが、CCSでの失敗では、おそらくエラーで処理されてしまうだけでしょう。現在、何百何千回に一回の失敗からの偶然的な大発明よりも、もっと数多くの成功例を、効率的に要求するので、CCSの出番と相成るということでしょう。

CCSは、その昔のゲダンケンエクスペリメント（思考実験）と違った技術的根拠を持つ手法であるだけに、これからの研究には活用しない手はないという考えから、今積極的に取り組まれていますが、ファジー理論やニューロコンピューター等の情報システムが出現するまでは、いやその時代となっても、研究者の実験が決め手となるのは当然であります。すなわち、ＣＣＳはあくまでも本流である実験の傍証固めを含むスピードアップのためのハイテクの道具としての地位を持ちつづけるということではないでしょうか。

ただ私は、ＣＣＳの役割がコンピューターの発展とともに、急速にアップするように思えてなりません。

もう一つ、新聞社でワープロの是非論があるそうです。〝漢字や熟語が身につかなくなる、文化を奪う〟〝筆勢が伝わらず味気ない〟という否定論に対し〝判読に困る下手な字の原稿からオサラバ〟、もう一つ重要なことは、データベースを呼び出して、記事の補強、原稿の点検も随時画面上ででき、即時にデータベース化されるという高効率がワープロ派の意見とのこと。

一つの物事を扱っていく場合、色々な見解があります。そして、それぞれをバックアップする情報がマスコミに乗って流れています。そして普段は〝黒か白か〟〝イエスかノーか〟という単純な結論が多く、いったん時流に乗った見解は、加速度をつけて勢いづくように思います。

情報の洪水の中の生活を強いられている我々は、常に頭をフレキシブルに働かせ、物事の一面にのみ惚れ込むことなく、もろもろの情報や手法をバランスよく吸収すべきであり、情報、手法を批評することよりも、その特長を理解し、最適な活用の道を模索することが肝要だと思います。そして基本的なことは、自分自身の思想を持つことではないでしょうか。

（日本油脂「技推ジャーナル」一九八九年十月）

## ㈣　ハードかソフトか

「コンピューター、ソフト無ければただの箱」。ソフトの重要性を比喩した川柳である。最近は世を挙げてソフト志向であり、今後のGNPの伸びの七十パーセントは、ソフトかまたはソフトがらみであるなどと識者が論を張れば、ソフトを扱わない仕事は古臭く、かつ来たるべき二十一世紀にマッチしないという思考に繋がってしまう。この辺りを、もう少し掘り返してみたい。

技術のレベルアップの最後の目的は、市民に豊かさを与え、その生活の向上を図ることであるという観点に立てば、そのベースについては、マスをもったハード抜きでは考えられない。そして、ハード側からは、「たかがソフト、ハード無ければただの紙」という言い分になるのではなかろうか。確かに、ソフトは決して独り歩きで市民の役に立つものでなく、ハードという伴侶があって始めて効力を発揮するということは、言わずもがなである。

重厚長大と軽小短薄についてもほぼ同様な関係が成り立つと思う。近代的な都市計画、交通網、エネルギー、情報システムの構築、さらに宇宙や海洋開発まで、私はすべて「重」なしでは論じられないと思う。ただ、重要なことは、これら「重」に係わるハードに、いかに「軽」に係わるソフトをオンさせて「重」の機能をリフレッシュさせるかということではなかろうか。

「重」と「軽」、ソフトとハードは、対比させて選択する間柄になく、いかに両者を融合させて新しい価値を創造するかでなければならない。

白か黒か、正か邪か、というデジタル思考は、0《ゼロ》でなければ1というコンピューター社会にありがちなことであるが、実生活に根を下ろす技術の領域では、両者の融合による灰色の味を、というよりも、単なる混合でなく、プラスアルファの価値をつけた銀色の味を求めるべきであろう。「重」の横綱の鉄でさえ、例えば吸音鉄、餅のようなフェライト相を持つ柔らかい鉄に挑戦しているという。

当社でも、いろいろな機会にソフト志向が論じられる。しかし、これからも、ハードを全面的にソフトに転換するということでなく、ハードをソフトで改質した「ハード改」を狙うという分野もかなりあると思う。それが、とりもなおさず、先述のソフトがらみの商品ということに他ならないからである。


（日本油脂「日油ニュース」No.128・一九八七年二月）

# 若人への便り

## (一) 若き技術者スターを創る

最近、スポーツ界や勝負の世界での若者の活躍が目立つ。ここ十年、とくにその台頭を感じるが何故だろう。

各人の資質によるのはもちろんであるが、私は、情報社会における多様な情報の発信と流布、急速に進歩しつつある各種ハード、ソフトのツールの高度の活用、生理学を踏まえた科学的トレーニングが〝共振〟した場合、これまで十年かかったものが数年でできあがる、すなわちスピードアップではないかと思っている。ただベースに、これらシステムを受け入れる社会の豊かさがあって、スピードアップの底上げに寄与していることは確かであろう。羽生七冠王は対局中、右脳を主に働かせ、盤面をパターン認識し手数を読むという。もっともプロは多かれ少なかれ、その傾向にあろうが、羽生の場合、とくに顕著と聞く。こうなると資質といわざるを得ない。

しかし、鉱石を磨いて見事、玉にしたのは、彼の場合、母の眼力と行動であったと読んだことがある。母親として、それなりの情報活動を通じて彼に場を与えたが、家庭環境にそれだけのゆとりというか、文化があったことも好条件であった。イチロー、武豊、貴乃花や野茂も、類似の環境に育ったが、彼らの場合はおおむね父親の思い込みとサポートがあったようである。

さて、羽生はその後、情報社会の恩恵を受けるというよりも、自らの努力でその波に乗って階段を駆け上がる。コンピューターを駆使した膨大なデータベースの解析と高度にして巧みな活用が、栄光ある頂点へ到達までの異例のスピードに大きく影響したと聞く。

さて「企業は人」といわれるが、この点どうであろう。若者からのスター誕生は稀のようだ。もちろん技術の本質とか組織の仕組みがあるから、企業の世界を同じ尺度では論じられないが、何十人とはいわない、百に一人でも羽生やイチロー的な技術者が育てば、研究開発にユニークさが増し、スピードは大いにアップするはずである。したがって、彼らの成功プロセスを、模倣でもよい、企業に持ち込むべきではなかろうか。

スタートは鉱石の選別である。前述のトップスターの場合は、親が〝これしかない〟と真剣に評価し特訓している。企業でも、それなりのプロセスを経るが、個々の社員の選考、教育、進路決定について、どのくらい正鵠《せいこく》を射ているだろうか。企業として、もっと大学にのめり込んだスカウトが必要であるし、また特定の人のみに〝英才教育〟を施す難しさはあるにしても、将来の技術者スターの選別に際し、多少の軋轢《あつれき》を恐れずに、画一性を脱却した企業独自の知恵を働かせるべきであろう。

玉の磨き方に移ろう。ここ半世紀、研究や開発部隊は、日本特有の文化や伝統をも生かして市民生活の豊かさに貢献してきた。しかし、国際的な特許の収支は、圧倒的に米国の一人勝ち。二十一世紀に向け、怒濤の勢いでエスカレートする空洞化に対応して技術立国を目指す日本にとって、改革の必要性を感じさせる統計ではある。私は米国の大学卒の一線抜級はベンチャー指向と聞くが、この辺りにカギがあるように思う。

ベンチャーですぐ連想されるキーワードは、独創性と個の尊重である。それへの挑戦は協調性、チームワークをベースとする旧来文化の改革を意味している。なぜならば、個の尊重は自我の強調、悪くいうと、わがままと紙一重ともいえ、それへの理解は、組織の秩序保持についても、ある程度、思想の転換を強いると思うからである。企業は組織活動だから譲れない一線はあるし、経営にバランス感覚は当然必要であるが、現在はバランス点は、より個に傾く時代になりつつあることを認識すべきと思う。

実は羽生にしても、野茂にしても、自我の強調について、見方によれば、日本の慣習の美しさを否定し去る共通のエピソードをもっていることは興味深い。日本人離れという言葉を耳にするが、まさにそれである。しかし私は、そこに独創性の源流を感じるのである。研究者に独創性を求めるならば、ここをよく理解しなければならない。この点がスター的技術者誕生に必要な環境と思うが、いかがであろう。

最後に、体力を競うスポーツ記録の向上にウエアやシューズの発達も一役買っているが、知力の分野での効率化については、もちろん組織の総合力にもよるが、私は情報ツールの高度の活用に負うところも大と思う。前述のスターたちが波に乗ったといったのは、このことをいったつもりである。

データベースの解析、各種ソフトやCCSの活用などが技術開発のスピードに大きく影響するし、組織のコンピューターライゼーションレベルやCALS習熟度も、企業の発展速度を左右することになろう。そして、またこれらへの努力こそ、情報化時代における勤勉さというべきである。

以上、私は、情報化時代は資質、環境、情報化時代にフィットした勤勉さ、この三つのベクトルの太さと絡み方で、個人としての、あるいは組織としての格差が拡大する世界であろうと考えている。

企業として若者を個に目覚めさせ、「情報富民」に仕立てなければならないのはもちろんであるが、熟年も情報化に関心を持ち、ツールの活用を心掛けて、「情報貧民」のレッテルを張られないよう努力しなければなるまい。

(「化学工業日報」一九九六年五月二十七日)

## (二) 常識への挑戦を

六・七パーセントから五・九パーセントへ、これは政府が今年（一九七七年）の経済成長の見通しを修正した数字です。化学工業の基礎原料となっている石油が有限であるのに、代替品の開発が遅れているし、その石油の値段が八年後に三倍にもなるという情報があるくらいだから、今後ますます厳しい低成長時代が、つづくことを覚悟せねばならないでしょう。ただこの五・九は平均値ですから、企業により、マイナス成長の波をかぶる場合があるという点に、数字のきびしさを理解しなくてはならない一面、やり方によりまだ伸び得る可能性を含んでいることも忘れてはなりません。

低成長時代にどうすれば生きていけるか？　前向きにのびられるか？　最近よく耳にする問いかけです。この類の問いかけは、明快な解決策が打ち出されにくいからこそ、逆説的にとりあげられるのでしょう。

解答として、発想の転換とか、有名な先生方が「水平思考」「逆転の発想」などの奇抜なタイトルで考えを披瀝されていますが、要するに「自分のまわりに根をおろしている常識を疑って徹底的に見直せ」ということだと思うのです。

当工場は長いＱＣ（品質管理）の実践を通じ、いわゆる標準化が、かなり浸透して、各種基準、技術資料は一応整備されています。

しかし、自分たちが築いたこれらの「財産」が実績に裏うちされて、いつの間にか関係者の頭の中で剛直な枠組みにまで成長していることはないでしょうか。

すなわち常識化です。「それは○○基準にふれるから……」「昔失敗したから無駄では……」のセリフは誰しも耳にし、あるいは口にしたことがあるでしょう。

無駄な努力はさけ、誤ちをくり返さぬためのチェックは確かに必要です。

しかし新しい情報、センスを駆使すれば「常識」に対し、「なぜ？」の疑問が持ち上がっても決しておかしくないし、「なぜ？」がすべての改善の源であると思います。と同時にもう一つ、疑問を解きほぐさんとする行動「如何にして」がともなわなければ、ものにならないこともおわかりでしょう。

「常識」の中には、「やっぱり最良最適であったか」という場合が実際には多いかも知れず、したがって、それにさからうことは一つの冒険ともいえますが、「常識」を疑ってそれに挑戦する精神と行動こそ、低成長時代を生きぬくための第一歩であると思うのです。

この「なぜ？」「いかにして」がタシ算でなくカケ算で効くことが重要です。

なぜならば、どちらか一方が零ならば効果は零で、全然ものごとは進むはずがないからです。

（日本油脂「みんなのＱＣ」No.96・一九七七年）

## ㈢　丸くないタイヤ

「BS社で新しく開発した省エネ型タイヤは丸くない」という話を読んだことがある。奇抜な発想の転換で生まれた商品かと思ったが、物自体よりもその誕生のいきさつに業界は違っても、新製品開発に共通するところがあると思うので紹介したい。

タイヤ業界のコストダウン競争は、もうほぼ限界に来ており、研究者は日夜、ゴム、鋼材、カーボンなどのVA（価値分析）に神経をすりへらしているのが実状である。ところが、あるテスト群の中で、一本だけ組成の変化から予測される以上に不良データを示した。なお、ここでいう性能とは燃費である。

そこでなぜ、そんなに悪い結果になったかをつきとめ、その逆を狙えば良品につながるという発想で取り組んでみたが、なかなかその原因はわからなかった。ところがある時、工学部航空学科修士卒後二年の研究者が「タイヤの形が少し崩れたのではないか」という発言をした。研究所の同じ成型機で作るものなので、「そんな馬鹿な」ということで、始めは問題にしなかったが、他にチェックする種もなかったので、一度検討してみようかということになった。

ここでコンピューターが最大限に効力を出すのである。いわゆるシュミレーションで、タイヤの形をかなり極端にかえて性能を予測計算をしてみたところ、意外や意外、常識に反し、丸くないところにオプティマムなポイントがあるらしく、色々なルートで確認しても間違いないことがわかったというのである（断面の話です）。

しかし、なぜ丸くない方が良いのか、これがまたわからない。結局は本当は複雑なのだが、素人的にいうと、あらかじめ走行中の歪んだ型に成型したものが、ベストという結果が見出せたということである。円形のタイヤが走行中にやや歪むため、若干のエネルギーがロスされるのを、あらかじめ助けてやると考えれば理解できよう。

この話は新製品開発について、三つのことを示唆していると思う。一つは、若い人のフレキシブルな発想であり、二つ目は、それを「そんな馬鹿な」と一笑に付さずに真面目に取り上げたこと。

そして三つ目は、コンピューターという武器の最大限の活用である。奇抜なアイデア、それを育成する環境、それに開花させるための近代的な道具、これら三要素が情報化ハイテク時代に新製品を世に出すためのミニマムパッケージであると思うのである。

参考までにＢＳ社は、このタイヤのＰＲについては性能のことは一切触れずに「ＢＳは新タイヤの設計理論を作りました」というＣＭを流しつづけ、これがまたうけたということである。

（日本油脂「技推ジャーナル」No.13・一九六一年九月）

## (四) 理解しやすい「表現」を！

情報化時代に、研究者、技術者の生き様はどうあるべきか。技術や市場環境が高度化、多様化する現在、情報活動の優劣が、個人として、あるいは組織としての仕事の品質を決める鍵になってきていると私は思う。

情報管理については多くの切り口があるが、今回は皆さんの予想に反し？ まず情報の発信から考えてみたい。換言すれば「表現」である。いかに高邁な理論武装がなされた最先端のデータでも、表現の仕方で評価が分かれると思うからである。

きわめて基本的なことではあるが、口頭にせよ、文章（図表を含む）にせよ、研究者も表現者であることを忘れずに、相手に十分理解してもらうということを真面目に考えてほしい。画像や動画もその〃地位〃を高めつつあるし、要するに同じ脚本でも相手を考えて演出を変えることが必要ということである。

もちろん、堅実な技術的成果の裏づけのない情報の価値が低いことは言うまでもないが、同時に百の成果を百に評価してもらうには、表現術についてそれなりの努力と工夫、配慮が要ることも忘れてはならない。

さて、口頭や文章による情報発信について、生まれつき不得意な人がいる。しかしながら、情報化時代の今日、自己研磨によって、いくらでもレベルアップを図る方策はある。諸々の研修会への身銭を切っての参加、ビデオ、テープなど、その気にさえなれば途を探すのに苦労はいるまい。感ずるところがあれば、情報化時代の各種ハード・ソフトのツールを積極的に活用して、自己の弱点を矯正してほしいものである。

もう一つ、大事なことがある。最近われわれの目に触れる情報は、この表現術に関する関心の高さと発信技術の進歩により、格段に説得力が向上している。しかし、一般的に言って、一つの事象にはかならず反対情報があることを忘れてはならない。それは政治、経済、社会問題ばかりでなく、技術領域においてもまた然りである。先端技術で、専門性がシャープになればなるほどその現象が目立つ。先端技術ほど過去の情報、過去の資料の陳腐化が早まることは、決して栄光を背負った大先輩を傷つけることではなく、まさしく科学技術の歴史の然らしむるところであろう。

つまり情報の評価にあたっては、かならず反対情報を積極的に探索、検討し、クールな目で考察を加えて判断せよということである。

私は、情報の収集、解析、さらに発信をスマートにこなすことは、現代の若い一流研究者の必要条件だと思っている。それには、これらの機能をサポートするモバイルを含むマルチメディア関連各種ツールの積極的活用が、今後ますます重要になってくると確信している。

（「R&Dマネジメント」ダイヤモンド社一九九五年十月）

## (五) TT感ずるままに

最近、異業種間技術交流がよく話題になる。一言でいうならば、現在の市場環境に対しては、もはや単独企業のみでは十分な対応ができなくなってきたからに他ならない。現在は、市場の価値観が多様化し、ニーズはますます細化され、「物」とそれに付加されるサムシング――それは、アイデアや情報であり、サービスであると思うが――それらが組み合わされて始めて市場に受け入れられる時代である。

商品開発にあたって、異業種がお互いの垣根を取り払って協力し、得意技術（ハード、ソフト）の相互補完、複合技術の創出といった施策をとるようになったのは、各企業が身につけた〝生活の智恵〟の実践といったところであろうか。

二十一世紀まであと十三年、産業の重厚長大から軽薄短小への流れは激しい。各種構造物、情報システム、交通網等「軽小」のみでは律し切れない分野が極めて多いが、いわゆる「軽小」の代表と見られているエレクトロニクス産業がいろいろな形態で各産業に関与している し、今後もし続けることは確かであろう（もっとも、筆者は、近代的なエレクトロ産業も商品の一つ一つは「軽」もあるかも知れないが、そのシステムは「重」の範疇に入ると感じているがここでは論じないことにする）。

高い次元の複合技術としてのメカトロニクス、オプトエレクトロニクスなど、いわゆるトロニクス技術の誕生と発展は、世に言われるように二十一世紀にバイオに主役を譲るまで、エレクトロニクス技術が新複合技術の一方の旗頭であることを理解させるものである。とすれば、どのような分野の技術者であっても、エレクトロニクス産業と何らかの形で交流を実らせることが、新技術の創造というターゲットに対する一枚の切符を入手することを意味していると思うが如何であろうか。

切り口を変えてみよう。ある商品が生まれるために、周辺技術のタイミング良い支援が条件となっている。ここでいう周辺技術とは、自社にない技術と言い換えてもよい。

例えば、普通の化学会社から見れば、超高精度評価分析技術、高真空、極低温、無菌、極少時間など極限条件の供給システム、光技術を用いた微細加工技術などであるが、市場では、ハイテク関連の製品やシステムがそれら周辺技術の支援（技術交流）で次々と誕生し、それがまた、よりハイレベルの周辺技術の発展に繋がって急速な展開を見せている。

その急激な進歩に、一社で対応していくことは不可能に近いと言っても過言ではないだろう。そこにこそ、また技術交流の必要性があるとも言えよう。

もう一つ例をあげよう。昭和初期の特許で適当な支援技術がなかったためオクラ入りしたままになっている技術を、現在のハイテクを組み合わせて具現化することが、意外と「銭」になるという話をよく聞く。すなわち、先端技術と古典的な技術の複合化である。約百年前の水晶発振の原理と、現代の半導体技術の複合化で実現したクォーツ時計は、まさにこの例である。

何十年も前の技術でなくてもよい。現在の自分たちの周りにある古典的な技術を、ハイテクとの複合化を通してリフレッシュする仕事、これも新商品開発にあたっての留意点であろう。

ここで眼をそれぞれの社内に転じてみよう。社内の技術交流というコンセプトは、真っ先に果たされなければならないと思うが、これが意外と難しい。社内を調べれば、思わぬ素材や技術を扱っていることに気づくこともあるし、また、他部署の技術にちょっと手を加えることにより、それが現市場と違った用途に結びつくこともある。

さらに、技術交流には、単に領域の違う技術の話ばかりでなく、新商品の完成をフローチャートという切り口で眺めた場合、ラボ技術とプラント設計技術との交流というケースもあることを忘れてはならない。

筆者には、ある商品開発で両技術者の交流がもっと早い時期に行なわれていれば、素材、プロセスの選択においてより合理的な解決点が見い出せたのではなかったかと反省させられたことが想い出される。

こう考えてくると、技術交流ということは、異なる会社間であれ、同一社内であれ、また、技術の種類分野を問わず、新商品開発の基本的手法であると言える。この主旨を通常 Technology Transfer（TT）、技術移転と表現するが、筆者は、むしろ技術融合と呼ぶ方がピッタリすると考えている。

歴史を繙《ひもと》いても、異文化の融合が豊かな文明の土壌となっているし、優秀な「種」が、計画的な交配から育成されることは、融合の意義を示すのに充分であろう。

（「テクノロジートランスファーレター」科学技術と経済の会第3号・一九八七年四月）

## ㈥ 制機先

「制機先」——中学時代、というから半世紀前の話であるが、剣道の道場の神棚の上に飾ってあった古い額。右から左に制機先と黄ばんだ和紙に烈しい筆勢を走らせた字態。なぜか鮮やかに脳裏に刻まれている。昭和四十五年、武豊工場に道場（武英館）が開設された時に、書道の先生に同じ「制機先」という額を仕上げてもらい、正面に掲げたが、剣士たちの烈しい動きのため、数日で竹刀の洗礼を受け破られてしまった。

この言葉は、真剣勝負の厳しさを簡潔に表現した教訓と理解されるが、例えばスポーツの世界では相撲の張り手、ボクシング第一ラウンドの強烈なパンチ、野球の初回の先制ホーマーなどの価値は、中学生でも知っている。私は剣道では中学時代から払い胴が得意で、「ハジメ！」の号令の後、すぐ一か八か仕かけ、「ドー！」のパチンという響きで相手をひるませる戦法をとるのを常とした。スポーツのほか、碁や麻雀のゲームの世界でも、同様のことがいえると思う。

しかし、この「制機先」の戦果が直接勝利につながるケースもないわけでないが、最後に勝利の栄冠を獲るためには、その後のメンテナンスが重要である場合が多い。

スケールの大きな例として、真珠湾の奇襲を挙げないわけにはいかない。これは国際法を侵す恥ずべき行為であったが、この戦果のため、初期の半年の戦局を有利に展開し得たことは確かである。しかし、最終結果はあらためて述べるまでもない。半年の間に彼我の体力の差を把握して何らかの手をうてば、歴史の流れはどうなったかわからない。もっとも市民の幸福は別問題であるが。ということは、機先を制することは、戦さに勝つ充分条件でなく、それを有利に導く条件づくりの一つといえよう。

このことは、我々の仕事の世界にも当てはまると思う。他社と競合のケース、特許公開、学会発表、華やかなマスコミへの紹介は、コンペティターの出鼻を挫き、意欲を失わせる意義はあるが、スポーツやゲームほど単純でないことはもちろん、その後の忍耐強いフォローアップが成否を分けることはよく経験するところである。

しかし、創業者利益という言葉があるように、ビジネスの世界でもやはり先制攻撃が極めて有効であることも確かである。我々の生活は各種の戦いの組み合わせという思想にたつならば、「制機先」は人生の一つの行動指針として心しておくことが必要と思う。私は今もこの言葉が好きだ。

一九九一年七月、工場に出張した際、柿野、榊原、鈴木、時田の諸君と懇談の場をもち、久し振りに武英館に足を運んでみた。囲りの社宅も取り壊され、武英館一棟ポツンと残っていた。更衣室をのぞく。稽古着特有の臭いが鼻をくすぐる。心地よい。道場の床は張り替えたばかりでピカピカ。私の名札もまだ掛かっているではないか。

佇《たたず》むことしばし、私の気持ちは二十数年前の竹刀《しない》と掛け声が交錯する稽古場を遊弋し始めていた。想い出の多い道場を後にしたのは、辺りがすでに闇に包まれてからだった。

（日本油脂「剣道部部誌」No.４・一九九四年三月）

# 安全と環境について

## (一) トラブルと付き合う

私は昭和四十年代に固体ロケット燃料の研究を担当しましたが、新しい技術開発の常としてトラブルが多く、文字通り夜を日に継ぐ激務の連続でした。ちょうど長女出産のころでしたが、病院に顔も出せず、今でも夫婦の話題になることがあります。

その後、厳しい宇宙環境を想定した試験が繰り返され、現在のH2(径二メートル)やM5(径二・五メートル)用の基礎完成までに約二十年かかっています。

わが国の宇宙開発は、固体燃料以外でトラブルが続き残念至極です。現在、体制見直しがされていますが、技術屋の一人として私には開発担当者の苦悩が痛いほど分かるのです。技術の完成にどの程度までのトラブルが許されるかは、そのプロジェクトの性格と規模によります。米国はあのスペースシャトル（チャレンジャー）の空中爆発という大きな犠牲を乗り越えて、壮大な宇宙開発を進行させています。わが国の宇宙開発でも、液体ロケットの研究者一人が実験中に事故死しています。

今回は人身事故ではないものの、ここまで来てのトラブルなので問題視されますが、二〇〇四年には日本版スペースシャトル計画もあるのです。先進国の威信にかけても、ぜひ早急に解決してほしいものです。

先端技術の臓器移植も、初期には問題が出ました。新薬やエレクトロニクスばかりでなく、もっと日常的なもろもろの技術開発でも、人間の限界というか、かならず予測外のトラブルが発生するものです。しかしそれらの解決の積み重ねで、初めて新しい技術が仕上がりますし、その苦難の歴史がノウハウとして蓄積され、次の技術開発に継承されていくのです。私はこれが技術開発の共通パターンだと認識しています。

トラブルを少し違った角度から眺めてみましょう。工場でプラントの操業中に異常が出たら、とっさにどうするか？　実際にトラブルが起きた時の体験は、緊急訓練の何倍もの価値ある経験となります。火災はあってはならないことですが、消防隊は小火災でも緊急出動で貴重な実体験をします。プラントの安定操業は、こうして幾度かのトラブルを征服しながら習得されます。

緊急時に社員の動きを観察すると、意外な人物が的確な行動をすることに気づきます。それは階層や年齢によりません。本人の天性というものでしょうか。トラブルは、将来の指導者を見いだす場になると、私はいつも認識していました。

もう一つ言いたいことは、ほどほどのトラブルには、副次的な効果があるということです。と言うのは、トラブル解決はまさに非常事態なので、グループ全員が物の本質を必死に探るようになるからです。さらに一般に時間的な制約の下での活動となるので、人間性の面で上下の絆《きずな》がより強固になり、モラルが向上するのです。換言すれば、平穏無事な仕事の流れだけでは考えられない積極的な職場環境と課題解決力が、トラブルを通して自然に生み出されるのです。

もちろんトラブルを歓迎はしません。しかし、私は新技術の開発という観点で考えると、ある程度は必要悪として是認すべき、という気持ちです。最近はコンピューターの高度化でトラブルが激減しつつあるのでしょうが、コンピューターを信用し過ぎ、いざというときの人間の瞬発的な適応力を低下させていないか、ちょっと気になります。

茨城県東海村の臨界事故は、まさに官民の低レベルな、管理不在の不祥事でした。技術以前の問題、私の言うトラブルの範囲には入りません。原子力は基幹エネルギーとして当面は不可欠ですが、ハード面のみを突出させた人間疎外の中での進展だけは、ぜひ避けてほしいと案じています。

（「下野新聞」二〇〇〇年四月十六日）

## (二) 日航機事故に思う

傷ましい日航機事故後しばらくたってから、ふと毎日新聞を見ていたら、「墜落した飛行機は以前に二回、上空で後方トイレの扉が締まらないというスチュワーデスの飛行日誌があり、その点について地上の整備工場で点検して異常なしとしていた」という記事が目にとまりました。私はこれは大きな意味を持つ記事であると感じました。

第一は、二度あったということは、再現性があったということです。再現性のあることは、果たして本当に二度だけで済んでいたのかどうか？　スチュワーデスたちが気がつかなかったか、あるいは気がついても記録しなかったのか、この点は知る由も無いわけですが、一つの現象を見てそれをシャープに自分のアンテナに感じるかどうかが重要な分かれ道であるわけです。

自分たちの仕事についても、現在は情報は山ほどありますが、果たして適切に感じとり、適切な選択がなされているかどうか。そしてアンテナの感度を上げる努力をしているかどうか。反省させられます。

事実、今実施されている研究テーマの中にも、複数の人間が同じ講演を聴講し、ある人は無反応、別の人の直感で関連研究機関にかけこみ、うまく契約を結んでテーマアップ出来たこともあります。情報感度を上げるためには、私は貪欲な好奇心、幅広い読書、多くの人との付き合いが決め手になると思っています。

第二には、地上で点検して結論を出したということは、品質保証の基本に触れる内容を含んでいるということです。

というのは、上空では機体は高真空下にあるので、当然、機体各部に内外圧力差がかかり、もし機体に構造上欠陥があれば、条件によっては歪みが出て扉が締まらないということもありうるからです。

すなわち、内外の圧力差をつけない地上テストでは、発見できないことかも知れないからです（記事で見る限り機内外の圧力差をつけたチェックは無かったと理解）。製品の品質の評価は、使用者の使用条件に限りなく近い条件でなされるというシュミレーションに欠けていたと言わざるを得ません。

そして第三に、「大事故になる前の小さなトラブルに目を光らせるべし」ということです。

といいますのは、前述のトラブルが事故の直接原因かどうかはわからないにしても、大事故の前にこういうちょっとした異常があったということは、工場の保安でよく言われる「三百事故」（一つの大事故の際に二十九の中事故と二百七十の小異常がある）の教訓を地で行ったもののように思えるからです。数年前、工場にいた頃は常に「三百事故」を口にし続けましたが、この教訓は安全管理ばかりでなく、物の品質、仕事の品質の管理すべてに通じることと思います。

以上、日航機事故関連の記事を読んで、「情報に対する感度」「三百事故」「品質保証」が頭のなかでマンジ巴のようになって、私のアンテナを刺激しましたので一文したためました。

更めて、犠牲者の冥福をお祈り申し上げます。

(日本油脂「技推ジャーナル」No.9・一九六〇年九月)

## (三)「ミコミ〇〇」を追放しよう

私は子供の時から乗り物が好きで、特に電車の一番前に立って、二本のレールがフルスピードで目の中に飛び込んでくるのに、今の言葉でいえば得もいわれぬカッコヨサを感じていました。そして省線電車――こういう言葉で年が知れる?――の運転士室から、時折「ンコーワ」とか「コウオウー」という叫び声が聞こえるのを、何となく奇異に感じた頃もあったと記憶しています。今にして思えば、これは青信号を確認し、「シンコー」と呼称して制御器を操作する安全行為にほかならぬわけです。

この行為は全鉄道で励行しているはずで、その意味では追突事故はおきないわけですが、依然として時々、この種の事故が報じられます。なぜでしょう。ある当該管区の長は「ミコミ運転」をしたためと説明していました。遠方を走っている時には黄あるいは赤でも、その信号機のところまで進むうちに青に変わるであろうとミコミで、スピードを落とさずに運転することをいうのだそうです。

半田で警察官が署内で殺害された時、捜査途中の情報で、某容疑者がほぼ黒と断定されていましたが、その後、別の真犯人が現われて一転、白となった事件、記憶されているでしょう。あの時の署長の一言、「ミコミ捜査をしたのはまずかった」。

なるほど「ミコミ」「ミコム」とは、こういう使い方もあるものかと恐れ入った次第ですが、この言葉は、こと保安に関しては馬鹿に出来ない言葉だと思うのです。

賢明な皆さんは、ここで私の言わんとすることがおわかりでしょう。そうです。貴方の身辺から事故をなくすために、この「ミコミ〇〇」や「ミコミ××」を追放しようではないかということです。

というのは、火薬や危険物を扱う場合、このくらいは大丈夫だろうと安易にミコムことが、えてして大きな傷害や災害につながることになるからです。今、北海道のM炭鉱での爆発事故がテレビに写し出されていますが、肉親の嘆き悲しみ、まさしく正視に絶えぬ思いです。皆さん、一九七一年こそ、「俺はミコミ△△をしない」と心に誓って、力強くスタートしようではありませんか。

（日本油脂武豊工場「安全ニュース」一九七一年新年号）

## (四)「緑の地球」復活への願い

幕張で開催された「'90新素材展」のパート1に環境材料というジャンルが設定された。新しいキーワードであろう。これからの新素材の設計には、地球環境に関するアセスメントを加味した思想が盛り込まれなければならない、これはまた、企業にとって新たなビジネスチャンスの到来を意味するものと思う。

幾つかの環境問題の中で、地球温暖化が一番ポピュラーであり、これは石化燃料の消費に係わる$CO_2$の増加が主因であるが、この他、オゾン層破壊、酸性雨、砂漠化、熱帯雨林減少、有害廃棄物の越境、海洋汚染、発展途上国の公害、野生生物の絶滅が取り上げられている。そして、これらの現象がすでに現実の問題として刻一刻、加速度をつけて進行しつつあるところにシリアスさがある。

例えば酸性雨についていえば、我が国の$SO_2$の排出量は二十年前の六分の一に減少しているのにもかかわらず、国外からの流入によるものであろう国土に降る雨のpHは、すでに四台になっていることは、ほとんどニュースにもならないくらいとなっている。これは、当社の自動車塗料の研究にとっては、まさしく大きな課題でもあると思う。人間も、「春雨じゃ、濡れていこう」というおつな気分になってばかりはいられまい。

地球環境問題は、先進国ばかりでなく、発展途上国を含めたグローバルな協力体制で取り組まなければならない。数年前、国としてのあまりの無関心さを米国に責められているという記事を、目にとめた記憶があるが、現在（一九九〇年）はさすがに千数百億の予算を投じるまでになった。それでも、通産省と環境庁間に微妙な食い違いがあることも事実であるし、まして国際的には国間の利害関係が絡み、難しい問題となっている。

四月に米国で地球環境ホワイトハウス会議があり、「緑の地球」の復活を狙う百年計画も課題となった由であるが、経済発展への影響を懸念して、排出規制に慎重論を唱える日米と、早期凍結の実行を主張するＥＣ諸国間の厳しい対立が浮き彫りとなり、新たな方向を見い出せず終了している。

その席でも我が国の環境庁と通産省間のギャップがクローズアップされ、「日本は何を考えているのか」と不満の声が上がった由である。一日も早く国際的なコンセンサスをベースに、対策活動が効力を出せる環境になってほしいものである。

私がここで言いたいことは、地球環境問題は言うまでもなく、すべて化学が関与しているということである。しかし、自らが投げかけた課題の後始末をするという後ろ向きな姿勢でなく、それをコントロールし、さらにそれを前向きに活用する新技術を創造することも化学抜きでは成し得ないと思う。もちろん化学ばかりでなく、ハイレベルのエンジニヤリングも含めての話ではあるが。

いずれにしても、これからの地球浄化作戦は年々具体性を帯びつつ拡大され、国際的なプロジェクトから個々のテーマまで、数々のニーズがクローズアップされてくるであろう。化学会社としては、またそこに働くビジネスマンは、関連するあらゆる情報に対し、シャープなアンテナを張って対処し、常に自らの固有技術との接点を探って、ビジネスチャンスにつなげるという態度が重要と思う。

これは、事業経営という観点に立つならば、まさしく市場のベクトルにフィットした活動であるというばかりでなく、企業としての社会的責任を果たすという重要な意義を持つことになろう。そして、これはまた国際化の一つの姿でもあると思う。

当社というか日油グループでも、ケミカルズばかりでなく、周辺機器を含め幾つかの商品を上市し、また研究テーマとして採り上げている。先述の新素材展にも当社の技術や、製品そのものズバリに対する競合品も、多数展示されていた。地球環境問題は、すでに我々の市民生活のみならず、事業領域においても、身近な問題となっていることを再認識すべきであろう。

折からの「花の万博」の盛況は、地球環境問題に対する強い関心の裏返し現象とも思えるが、如何であろうか。

（日本油脂「日油ニュース」No.138・一九九〇年六月）

# 現場への追憶

## (一) 男の仕事場さ

「三、二、一、点火！」。ドドズズゴワン！　大きな山がゆっくり崩れ落ちる。慎重な計画と準備を何ヵ月か重ねた成果が集約される大発破の緊張の一瞬。慣れることはなく、そのたびに鼓動は高鳴ったものです。火薬業界は宇宙ロケットという花形がない時代は、産業爆薬だけが主な分野でした。しかし、歌の文句の通り「男の仕事場」の心意気で突っ走っていました。

敗戦直後は、石炭がすべての基礎となる資源で、産業爆薬は炭鉱での重要資材でした。炭鉱は炭塵《たんじん》やメタンガスが発生するので、もちろん安全策はとられていました。しかし坑内で万一、電気のスパークでも飛ぶなら、悲惨な坑内爆発につながりかねない作業環境です。したがって電気設備は全て厳しい防爆型になっていたし、使用される爆薬には、ガスや炭塵爆発を起こさない特殊な性能が要求され、国の検定がありました。

自分で研究した検定品を北海道の炭鉱にある、地下数百メートルの採炭現場でテストをする時は、さすがに緊張で身震いしました。もちろん発破の設計に万全を期しますが、発破の瞬間には、炭層内に数千度の火の玉ができるので、考えれば危険です。

一日のテストが終わると、「ヤレヤレ、今日も無事に地下から戻れたか」という安堵感で酒がジンと胃に染みわたり、炭鉱マンが酒に強い理由が分かるような気がしました。そして彼らが「地下こそ男の仕事場」と誇らしげに語った姿も、忘れ得ぬ思い出です。

日本の炭鉱や鉱山は掘り尽くされ、次の主な仕事場は、公共事業に交代しました。ダム、新幹線、高速道路。列島改造時代は華やかで、本文冒頭の大発破が各地で行なわれました。日本で最大規模の発破は一九五五年ごろ、愛知県豊根村で一度に百五十トンの爆薬が使われたということです。

爆薬は東南アジアからオーストラリア、イランまで欧米製品と競合して輸出されました。私も一九六三年に香港に駐在し、九龍でダムの大発破の設計指導をしたことがあります。英語を介して香港語で作業指示をするのですが、香港人の国民性なのか、実に素直で仕事が順調に進みました。

これに反し、釧路で北海道庁主催の発破講習会をした時のこと。私は約二百キログラムの発破をかけて岩山を発破するために発破の設計をしましたが、指示通りの穿孔がなされてなかったことがありました。

現場をチェックした後で、敢然と発破を中止する選択肢もありました。しかし主催者の要望もあり、無理と知りながら、爆薬を余分に込めて決行したものの、果たせるかな発破は失敗しました。

夜の懇談会で、講師としてつらい立場で挨拶をする羽目になりましたが、結果を反面教師として活用し、「発破は設計がいかに重要か」と力説して乗り切りました。今でもあの時の対応の仕方について思いめぐらすことがあります。

産業用爆薬は常に発破後の処理まで考える点が、破壊のみを目的とする軍用と違います。運搬コストを最低にする岩の破砕度を考え、また破砕された石を遠くに飛ばさないことも、処理費節減の鉄則などなど、単純に威力万能ということではありません。

また、石炭の場合には、粉炭より単価の高い塊炭の率を上げるため、フワッと発破できる爆薬が望まれましたし、日本では、一般に発破直後に現場へ入れるように煙の少ない爆薬が要望され、それに応えていました。しかし、欧米は金持ちなのか、強力な換気をするため煙は問題にされません。東南アジアで日本製品が好評だった理由の一つは、顧客の貧しさにあったのかもしれません。「必要は発明の母」のことわざ通りです。

適切な公共事業は、社会資本整備にとって大変重要な仕事です。私は各地を旅しながら、

「ああ、ここでもダイナマイトが使われた」と、しばしば〝火薬屋〟特有の感慨にふけっている次第です。

（「下野新聞」二〇〇〇年三月十二日）

## (二) ロケットよもやま話

私はかつて固体ロケット燃料で初期の宇宙開発に参画しましたが、同時にロープ投射用の小型ロケットにも関係していました。一九九九年夏、あの玄倉川でロープが届かず、キャンパーたちが濁流にのまれるという痛ましい災害がありました。

使われたロープ投射機は、ロケットではなかったそうですが、ロケットなら、約三倍の飛距離（約三百メートル）の商品が市場に出ています。もし、それを備えていれば、何人かの命は救われたかもしれないのに、と残念に思っています。

皆さんはほとんどの固体ロケット燃料は、中心部に孔《あな》がある肉厚のちくわのようなかたちをしていることをご存じでしょうか。

孔は一般には星型で、その形に技術の粋を尽くし、性能の特徴を盛り込むのです。そして燃焼は、孔の全内面から外周方向に進み、仮に燃料が直径二メートルで最低肉厚が六十センチ、燃焼速度が毎秒六ミリメートルの場合には、燃料の長さに関係なく、燃焼時間は百秒となります。燃焼速度は燃料の化学組成で決まります。しかし同じ組成でも、この星の形状を工夫してエネルギー解放のパターンを種々変えるのです。

ロケットの性能は、ズバリ運搬システムです。華やかに月に人を運んだり、宇宙の果てまで計測機器を送って惑星を探索、また静止衛星を所定の軌道に据えて、衛星放送や天気予報、カーナビなどで市民生活に役立っています。一方、弾薬を積めばミサイルにもなります。いずれの場合でも、ロケット自体は黒子の役目を果たした後に消滅します。

H2ロケットは約二トンの衛星を打ち上げます。液体ロケットを含めた総重量は二百六十トン（そのうちの固体ロケット燃料は五十九トン）もある大型ロケットです。これに対しロープ投射機は燃料百グラム、総重量も一キロの小型とはいえ、これもまた一つの固体ロケットです。

小型の場合には発射筒を肩に担げるし、もちろん簡単な固定でもOK。使用現場で電気も水も要らないので、不便なところでも発射できます。

あまり知られていませんが、ロケットの用途として人工降雨や誘雷用があります。かつては、人工雪崩《なだれ》用や高圧線誘導索の架線にも試用されました。

誘雷ロケットには、直径〇・二ミリ程度の細いワイヤーを引っ張り、約二百メートルの高度に飛ばして雷を地上に導く型と、ノズルから吹き出す火災で雷を呼ぶ型があります。降雨の方は三千メートルの高度にヨウ化銀を散布するもので、現在のロープ投射機の約二倍のエネルギーを持つ製品もあります。

ロープ投射機は以前、もっと飛距離を出す型がありましたが、あまり売れませんでした。今の型でも小型船舶まで配備すれば、毎年何人かの貴い命は救われるはずですが、現在は規則で大型船だけに配備されているだけです。似た話で、漁船の浸水時に自動的に開く救命いかだを試作しましたが、価格が合わず断念したことがあります。

市場性の低い製品が育たないのは、経済の原則です。しかし、遭難時の人命救助に使う緊急器具の配備には、例えば公的な配慮をするなどの特別な策が要るように思います。玄倉川の災害の生映像を目の当たりにして、それを強く感じました。

さて、ロケットのさらなる新用途は？　約三十年前、名古屋の某大学でロケットで列車を走らせる研究が行なわれ、私も協力しました。限られた区間の超高速輸送を狙ったらしいのですが、停止法などの問題で結局、中断されたと記憶しています。ロケットの運搬機能を宇宙ばかりでなく、もっと身近な山間僻地などの中距離用の特殊な作業に生かす道はあると思うのですが、まだまだの感大です。

柔軟な頭脳の青少年を含め、素人の方々の奇抜な発想が意外なヒントを与えてくれるような気がしますが、それには専門家としてもっと火薬の特長を知ってもらう広報活動が必要だと感じています。

日本油脂（株）武豊工場の茅野研究員に種々情報をいただきました。感謝いたします。

（「下野新聞」二〇〇〇年五月二十一日）

## (三) 白人たちの気質

何度かアメリカへ飛んだが、大陸横断は昭和六十年が最初であった。眼下にゆっくりと広がる果てしなき中央アメリカの大砂漠を数時間、眺め続けた時、まず「このスケール、資源、この国と戦ったのでは無理ヨ」というのが第一感であった。直ぐそこに思考が来るのは戦中派の証しであろう。とにかく、その巨大さを脳裏に焼きつけられたフライトであった。そして一歩郊外に出れば、芝生付きの庭を持った一戸建ての住宅、何となく優雅さが感じられる。今後、長い間にこの国を何度か訪れるであろうが、巨大なスケールとゆとりのある環境で培われた国民性を十分理解して付き合うことが必要とも感じた。

ニューヨークからニュージャージーのプリンストンのベンチャーを訪問するのに、列車を利用したことが何度かある。日本と違って案内の放送はほとんどないので、掲示される字幕を注意してみないと、到着ホームが突然変更になったりするが、それに慣れた欧米人は、逆に日本の鉄道はサービス過剰と感じているのではなかろうか。

私はある日、急いでいたので出札で往復切符と叫んで料金を支払い、切符を手にして小走りに列車に駆け込んだ。普通席でも体格の大きい外人用なのでゆったりしている。検札が来たので切符を見せたら、これは片道切符だというのである。私はびっくりして確認したら、なるほど往復とは表示がない。購入した時に確認しなかったのがまずかったのだが、今となっては仕方がない。窓口の駅員も、料金をとった上で片道切符を売るとは怪しからん。私も舐《な》められたものだとガッカリした。

「出札で往復料金を支払って、駅員も金額を確認したのだ。何とかならないか」と無駄な抵抗をしたが、車掌はまったく冷たく「私は知らない。私のあずからぬことだ」の一点張り。私は日本の車掌なら、駄目にしてもう少し丁寧に対応してくれるのではないか、アメリカは不親切だという印象で断念した。

ところが約一時間の後、その車掌が私に話し掛けてきた。何か良い話があるのかと期待したら、「お客さん、次はプリンストンジャンクションです。乗り換えてください」とわざわざ知らせてくれた。そして乗り換えホームまでの通路までも教えてくれたのだ。先ほどの無愛想さと対照的なその親切心に驚いたが、なるほど、これがアメリカかと悟った。

乗客に情報を伝えるのは車掌の役割で、忠実にそれをこなすが、切符の販売はまったく別の部隊の仕事で自分とは無関係という持ち場主義の実践を、はからずも我が身で体験したわけである。私は、旧ソ連時代のモスクワ空港の喫茶店で、いつまでたっても注文取りにこないので催促したら、「このテーブルの係は、今日はお休み」と答えられ、驚いたことを思い出していた。そちらは行き過ぎたノルマ制度を曝《さら》け出した一齣だったろう。

自分の持ち場に責任を持つと言うことは、広い意味の自己責任に通ずる。実は身の安全を守ると言う生活の基本線について、昨年オーストラリアの短い旅行で、二度までも感じさせられた。エアーズロックの登山は急なスリップしやすい傾斜を登るので、老人には特に警告が出ている。聞くと、毎年一、二人の犠牲者があるそうである。前年、一人のガイドが観光客の落としたカメラを拾おうとして転落死している。

シドニー郊外のブルーマウンテンをワゴン車で訪れた際、三百メートルの断崖絶壁で柵も何もない場所に立ったことがある。恐ろしくて崖っ淵の三メートルほど手前まで近寄るのが限界だった。この付近でも、毎年二人くらい転落すると聞いた。ガイドの言葉はいずれも「安全は自分で考えること、自分の責任です」と当たり前のように呟いただけだった。日本では直ぐに立ち入り禁止にするか、厳重な防護柵が取り付けられるだろう。

四十年ほど前に北海道の地球岬（室蘭郊外）の先端に、危険だが展望抜群のスポットがあった。十年ほど前に期待して訪れたら、案の定、立ち入り禁止となっており、その手前に広い展望台が設置されていた。市民の安全だけを考えればこれでよいのかもしれないが、次元の高い教育と言う見方を入れれば、果たしてどちらに軍配をあげるべきだろうか。

今はどうなっているか知らないが、欧州で高速道路の速度制限なしとして、運転者自身に責任を持たせた国があったが、衝突時の死亡率は当然、高かったそうである。これも身を守るのは自分という思想の表われであろう。当時駐在員の運転で、百八十キロメートルくらいで飛ばし、当初はさすがにスリルを越した恐怖心があったことを覚えている。しかし、十分も飛ばせば慣れてしまった。人間の慣れは考えれば危険でもある。

話を列車に戻そう。復路の切符をまた購入してニューヨークに付いたのは夜になっていた。駅員にタクシー乗り場を聞いたところ、黄色の一見イエローキャブの車を指差した。屋根にマークがないので、ちょっと引っかかったが、駅員を信頼して乗り込んだ。小錦のような体格の黒人運転手だった。ところが、これは相乗りタクシーで、後二人乗り込みスタートした。私のホテルは三ドルの道程なのに、逆方向に走り出した。

「逆じゃないか」と文句をつけたら、「分かってる。直ぐだ」という返事。しかし、なぜか私が最後の乗客となってしまい、暗い市街で運転手の風貌も絡んで、気味悪くなったのは事実である。結局、遠周りのあげくメーターは二十ドルを示していた。

私は「三ドルの道程ではないか」とクレームをつけたが、メーター通り支払えと凄んで埒があかない。私はその剣幕に少し気味悪くなり、「十数ドルの社会勉強の授業料か」と諦めて支払いに応じた。駅員とグルになっていたのか、あるいはアメリカの常識なのかどうだったのだろう。いずれにしても、この日は往復とも散々な列車での経験だった。

アメリカ人には日本と違った実質主義と言うか、ドライで自由奔放な面がある。日本の公式の学界やイベントの基調講演を聞きに行くと、大抵はスーツにネクタイである。学会でも特に日本で開かれる国際学会の場合、日本人はほとんど背広にネクタイであるが、アメリカ人の場合は、意外に大物でもラフスタイルが多い。一月にラスベガスで開かれた世界最大の家電の展示会の冒頭の基調講演を、あのビルゲーツが青いシャツ姿でやっていた。衣装より中身と言うことだろうか。

企業でよく使われる表敬訪問、いわゆる挨拶のための訪問を理解しない彼らは、毎年繰り返される日本の年末年始の挨拶回りを、如何に滑稽で無駄な行動と感じているだろうか。確かに経済活動という観点からすれば、無駄なエネルギーの消費だと思う。

外国を訪問する時、特に初めての訪問時には、土産物に気を使った記憶がある。日本人形、富士山の絵、いや奥さんへ真珠のネックレス、一頃は電卓が良いとか、あれこれ迷ったものだが、逆に欧米人は非常に淡白である。手ぶらで気楽に来訪する場合もあるし、持参しても、大抵は自社のロゴの入ったカップや簡単な置物程度である。実は隣の韓国をたびたび訪問したが、こと土産に関しては、アメリカナイズされていると感じた。簡単な手土産は、かえって失礼になるので、差し上げないほうがベターと言う忠告を受けたくらいである。

日本では自社製品やグループのブランドを重要視するあまり、他社、特に競合社製品の使用には目を尖らせる風潮がある。自動車会社などでは、他社の車で駐車場に入るのを禁じられたことがあった。まして幹部がマイカーに他社品を買おうものなら、大目玉では済まされない文化があるが、アメリカでは逆に敵を知るためには、充分その製品を吟味する必要があるという考えで、他社の車を購入することも気にされないと言う話を聞いた。いかにもアメリカだなという感じだった。

十年くらい前の話になるが、日本車は好評だが、私はこれまで日本車が同じ級の排気量の米国車に比し安価ということが、貿易摩擦の要因となってきたと考えていた。ところが、同じ級で比較すると日本車は、安いどころかかなり高いということには驚いた。具体的には千五百～二千CCの日本車が、二千五百～三千CCの米国車と同じくらいの価格で出回っていたということである。

もっとも、ガソリンの価格が日本の数分の一なので、排気量が自動車の価格をきめるウエイトは日本ほどではないにしても、日本車の評価の高さを認識した。その要因は、一口にいって品質をベースにする高信頼性、さらにいえばメンテナンスフリーの度合いと長寿命につきるといえる。

しかし、好評な日本車についても、はっきりと序列がつけられていた。ある日本車メーカーは、フォアマンまで日本人で固めて、いわゆる日本式品質管理体制をとり、品質保証に全力投球していた（今、市場開拓中なので、例え赤字になっても品質保証優先の方針）のに対し、もう一つのメーカーは、もちろん品質保証を重視していることは同様だが、日本人はスタッフとして工場運営に参画し、ラインは米国人にまかせるという現地の人の気持ちを配慮したシステムという対照的なポリシィをとっていた。当時、私に話してくれた複数の人は皆、前者の車に軍配を上げていたということには大変興味を感じた。今はどうだろう。

この二つの方式の優劣を長い目で考える場合、ここにのべた結果のみでは論じられないが、海外企業経営のむつかしさを感じた次第である。

先日起きたハワイ沖で起きたえひめ丸と米原子力潜水艦との痛ましい衝突事故の際にしても、いろいろ感じさせることがあった。百パーセント潜水艦に非があるのに、なかなか謝罪のメッセージが聞かれなかったが、彼の国では、自動車事故の場合も先に「アイアムソーリー」と言った方が負けと言う話はよく聞く。艦長は直ぐにも謝罪したかったが、弁護士から止められて出来なかったと言っていた。人間味のある艦長の人柄を伺わせたが、弁護士が幅を利かせる米国ならではの対応と思った。

さらに艦長の査問委員会についても、適当な弁護士が見つからないという言い分を容れて延期されたし、結局は認められなかったが、その場で真相を述べても、その証言を軍法会議で本人の不利な扱いの材料にしないと主張していた。真相解明と当事者の処罰をあからさまに分離する物の考え方も、日本人には理解し難い。

この地球上では、多くの民族が独自の文化で歴史的に城を築いてきた。二十一世紀となり、基本的な人権とか環境問題を共通のバックグラウンドとしながら、お互いに民族の個性を理解し利用しあえば、地球全体の安全と繁栄に繋がると思うのだが、現実はかならずしもそうはいかないようである。

（二〇〇一年三月記）

## (四) ベンチャーの夜明けに想う

米国の景気も急落してしまったが、昨年までは破竹の勢いで、特にハイテクベンチャーの頑張りが話題になっていた。

そのベンチャーにしても、特に情報通信ソフト産業が華やかだったが、バイオやエレクトロニクスなどの物造りも混在し、幅をもって併走していた。

ミシガン湖のほとりの田舎町ミッドランドと、メキシコ国境に近いサンジエゴのベンチャー企業を訪問したことがある。前者はプラスチックス、後者はエレクトロニクス材料に関する仕事をしており、どちらも研究会社から一歩進んで、特定の品物を生産する中小企業にまで成長している会社だった。

ベンチャー特有のパイオニア精神があるのは当然だが、共通して感じたのは、キーテクノロジーをベースとして大企業との持ち分についてはっきりとした区別をして、いわゆる隙間商品をうまく商売につなげているということだった。そしてその会社のキーテクノロジーは、高度な理論というよりも経験を積み上げた固有技術にあるということに興味をおぼえた。

要するに彼らの行動のバックボーンは、地球が舞台というキーワードに代弁される哲学、建国の歴史以来の自由と個の尊重、それに冒険心ではなかろうか。

米国の大企業が事業を企画する場合、まず研究所を地球のどこに設置するかから出発し、次に工場となる。日本では製品輸出、現地への工場建設、最後に研究所という順序が普通だった。発想が逆なのである。

研究所の環境も違う。その分野にこだわる人を世界から集める、いや集まると言うべきかも知れない。したがって、あちらの企業の研究会は、大抵は国際会議と同じ雰囲気だった。

私が参加した場合、特にインド人と意外にも韓国人の多さが印象に残っている。日本でも本質的にはこの状況を範とはしているものの、いまだ各研究所ともほとんどは日本人である。

米国の多くの教授は、企業を直接経営したり、経営に参画して自らの研究成果を直接市場に問うているが、一方で教授が商売にこりすぎて研究者としての評価が下がれば、直ぐに席を追われるという厳しさも共存している。日本では産学共同の推進でようやく実績が出つつあるが、彼らは共同でなく、自分自身で実践するのでスピードが違う。

研究者も、超大手ではかならずしもそうではないらしいが、一般に自分を売り込んで積極的に転職し、機会を見て自らベンチャー設立に至るケースが珍しくない。一方、市民は冒険心でそのベンチャーの将来に投資する。

しかし、多くのベンチャーは研究開発の段階だから売り上げがなく、研究費が底をつけば、また資金を集めねばならない。その場合の広報活動のバイタリティーと巧妙さには、日本人として学ぶべき点が多い。彼らは自信満々の態度で将来性を掲げながら、文字通り地球を舞台に飛び回り、したたかに資金を集めるのである。

研究者の意識にも差があるようだ。私が交流したベンチャーも、黒字化するのに十年かかったが、そこで働く研究者は、いつも嬉々として研究生活を楽しんでいるようだった。我々の感覚では、会社の累積赤字は増え続けるし、研究には成功の保証がなく、さぞ不安だろうと案ずるのだが、その気配はまったくない。これがアメリカンベンチャースピリットであろう。

現在はインターネット時代で、地球上で時間空間の概念が消え、上述の環境は日本にも浸透中だ。例えば若者のベンチャー成功例がテレビで放映されたりするが、逆説的に言えば日本ではまだ稀な出来事ということを示している。

そして日本のベンチャーの世界は、基本的な土壌が熟さないうちに、ソフト関連のみが玉石混交で突出したいびつな姿に見えてならない。華やかにスタートしたマザーズ市場に早くも陰りが見えるということも、その不安定さを物語っていると思う。

私はベンチャーの興隆は、確かに産業界の大変革であると思うし、トレンドとしては理解できる。しかし、ベンチャーは本質的に何パーセントかは没落する栄枯盛衰の激しい集団である。したがって、その育成には何らかの敗者復活の文化かシステムが必須と思っている。米国には、冒頭に述べたベンチャー育生の土壌があって、それが敗者復活システムを育んでいるのではなかろうか。敗れても、敗者でなく名誉ある挑戦者と認識する環境があるように思うのである。

一方、日本では、華やかな成功例の陰に埋もれる敗者が、どういう軌跡をたどるのかは未経験である。環境はまだ厳しいのではないだろうか。ただし、高度情報化の波は、この面の日米格差をも確実に加速度をもって縮めるであろう。

（「下野新聞」二〇〇〇年六月十五日）

# 第三章　楽しみを創る

# 音の楽しみ

「音を楽しむ」を漢式に書くと、楽音となる。ならば音楽は「音の楽しみ」、あるいは「音楽し」と読むべきだろうか。私は子どもの頃から音楽が好きで、音感は友人たちに比較して良い方だった。

小学校時代の音楽授業では、「起立、礼、着席」の合図は、いつもある和音が弾かれていたが、ある日、先生はいつもと違う和音を使った。私はすぐ「おや？」と感じ、同時にその和音をミソド、ミソシ、ミソドと認識した（当時はホトハ、ホトロ、ホトハと純日本式？ 音階呼称）。先生が突然、「いまの和音は何だ」と質問されたので、私一人が挙手して答え、「耳が良いな」と誉められたことがある。

中学時代は戦時中で、音楽の時間に米軍用機の音を、単独や混合で聞かされ、機種（ボーイングやグラマン、ロッキードなど）を当てさせられたものだ。戦時の音楽教室の一場面として興味深い。私はクラスでは、抜群の正解率だった。しかし、戦時の中流家庭の環境ではピアノどころではなかった。

　さて、年が移り、社会人になってからも仲間とのカラオケの付き合いで困ることはなかったし、北海道勤務時代には道内鉄道の駅名呼称のモノマネで、皆さんに喜ばれた想い出がある。これも音の楽しさであろう。

　というわけで、私は子どもたちには「音楽を！」と考え、息子にバイオリンを、娘にはピアノを習わせたが、私自身も演奏に興味を持ち、一緒に我流で挑戦した。ただバイオリンよりもピアノの方が初心者に親しみやすいのは、とにかくキーさえ間違えなければ、正しい音階を楽しめるからだろう。したがって、後から習い始めたピアノの方が私のホビーとして残り、長年休日の午後などに、初級のレパートリーを楽しんできた。

　ところがである。会社を退き、少し気持ちに余裕ができると、このピアノ熱ががぜん頭を持ち上げてきたのだ。実は娘は私の血を引いた（?）のか、音大を出てピアノ教室を主宰し、子持ちになった今もピアノ教室をつづけ、毎年夏に生徒たちの発表会を開いている。

　ある日、アルコールの勢いで、「俺も特別演奏してやる」と宣言してしまった。私の本心は、かならずしも酒の勢いばかりでなく、「何か目標があった方がいい」という気持ちがあったことは確かだ。私は娘に私のレベルに相応《ふさわ》しい曲目を選ばせたら、フラットが四つもある私にはかなりの難曲、メンデルスゾーンの「歌の翼に」が示された。

　さて、最初に娘が同じ四分音符でもキーを叩く、押す、触れる、さらにペダルの併用で、醸し出される響きに微妙なアヤが出ることを実演してくれたが、私にはまだまだ身について

1997年夏、初舞台に挑む著者

いない。単に鍵盤をなぞるだけでは演奏にならない、ということが徐々にわかってきて、怖さを感じるようになった。

いよいよ本番の一九九七年夏。大勢の前で話すことには慣れていたものの、体を使った演奏は意外に手強くて、指の動きがぎこちなくなり多くのミスを犯してしまったが、父兄からは、やんやの喝采をいただいた。初体験は何事も緊張するものだが、鍵盤を照らす照明の明るさまでが、自宅と違うので、演奏に影響したように思う。しかし、翌年は「トロイメライ」、次はベートーヴェンの「メヌエット」と年を追って慣れてきた。毎夏の挑戦的？　な演奏で、父兄に感心されたり喜ばれたりしている。

私はピアノは老化防止に適していると思う。まず、普段あまり使わない小指や薬指をそれぞれ独立に、あるいは関連させせなければならないが、最初、非常に難しかった。小指と薬指がどうしても連動してしまうのだ。また右手と左手を別々に操るのだから大変だ。やさしい曲の場合は、まだ左手の方は単純な動きしか要求されないが、難しくなると、まったく同格なスピードと複雑さが必要になる。

しかし、これには自然の流れに沿った〝法則〟があるようで、それを体で覚えなければと、一心に努める期間を、初級者というべきだろう。

現役時代に企業の幹部として、たびたび講演する場があった。その時、あるセリフを口にしながら、常に次の言葉やストーリーが頭の中で組み立てられ、順序よく整列されていなければならない。しかし、あらかじめ準備した一節をポカッと飛ばしてしまった経験は、誰でもお持ちでしょう。

ピアノ演奏もまったく同じで、ある小節を弾いている時点で、次はどう指を流すか、少なくとも数小節先までは頭の中に整列されていなければ、そこでメロディーがパタッと途切れてしまう。あの中村紘子さんでさえ瞬間的に音符を忘れ、ある部分を飛ばして演奏したことがあると聞いた。

しかし最近、私のレベルでさえも音符が頭で一瞬、途切れても、指の方が自然と動いて曲が繋がり、すぐにまた正常な流れに復旧することを会得し、「体で覚えるということはゴルフばかりではない」と悦に入っている。この頭と体の間髪を入れない緊張した共同作業の連続こそ、最高の老化防止策になるのではないだろうか。

一九九八年五月、娘の結婚式の披露宴で、父娘の連弾でチャイコフスキーの「花のワルツ」を弾き、参列者に喜ばれたのは一生の嬉しい想い出である。

今年は旅に凝って、少し練習を怠けてしまったので、自分で少しレベルを下げて選曲し、日本古来の「荒城の月」「赤とんぼ」「出船」の三曲を弾くが、どういう結果になるか、期待と不安が半々といったところである。

（「国際商業」一九九七年五月・二〇〇〇年七月加筆）

## 演奏を前にして会場の皆さんへ

⑴　一九九七年七月二十七日

音楽が好きな私は、これまで我流で「月の砂漠」「浜辺の歌」「ローレライ」など易しい曲を暇な時に楽しんできましたが、昨年の暮れ、思い立ってそれなりの曲に挑戦してみました。悪戦苦闘の結果、ピアノは間髪を入れずに左手、右手、それに足を調和させて動かさねばならず、最高の老化防止になると思うようになりました。大勢の人の前で弾くのは生まれて初めてです。子供たちと同じように緊張しています。

⑵　一九九九年八月一日

いよいよ緊張の出番となりました。最近ゴルフとピアノの共通点を感じています。ゴルフでは年相応の無理のないスイングが球筋を安定させますし、早打ちはミスショットの基ですが、ピアノでもシンプルで無理のない指使いが正確な演奏に繋がるし、キーの早叩きはミスを誘います。頭での暗譜に落ちがあっても、指の暗譜さえシッカリしていれば、一応演奏は出来る感じです。何事も体を使う演技では、自然体がベストと言うことでしょう。

しかし、指は頭ほど賢くありません。教えられた通り左右に連続運動をしますが、一寸狂って隣のキーを叩いてしまうと、その後はボタンの掛け違い現象で、一つ音階を狂わせたまま突っ走ることがあり、頭が真っ白となります。今日はボタンの掛け違いだけはしないよう努めますが、どうなりますか？

(3)　二〇〇〇年八月六日

皆さん今日は！　今年は、他の趣味に凝って、ピアノを怠けてしまい止めようかとも思ったのですが、一回止めれば、それでおしまい、となりかねないので、聞き慣れた曲を自分で選んで挑戦することにしました。かえって間違いが目立つので気にしています。

三曲目の「出船」は、二人の編曲者の作品を私が我流で繋いでみました。皆さんはどちらをお好みでしょう。

## 真を写さない写真

私が写真に興味を感じたのは、昭和三十二―三年頃、札幌支店勤務となり、全道各地を発破の技術サービスで飛び回っていた頃だった。札幌に赴任して最初の休日に、妻と買い物に出かけ、オリンパスの三十五ミリを買った。

なぜカメラだったか。北海道の季節の色彩について、素晴らしいという期待感があったからに他ならない。価格は二万六千円、当時の貨幣価値からすると、かなり高額で、私の月給の一月半分ほどだったと記憶している。

とにかく、入社後数年の貯金を叩いて購入した代物で、その後何台か買い換えて、今の愛用品は高性能になっているが、私は今もこのオリンパスをお宝として保存している。因みに、この日もう一つ買った品物は、現場を回る時に履く地下足袋であった。今も家内との語り草になっている。

さて、本格的に写真に取り組むきっかけとなったのは、道庁主催の発破講習会後、講師仲

著者愛用のニコンとお宝のオリンパス

間の懇親会で、同業者のある先輩のカラースライドがプロジェクターで投影されたのを見てからである。札幌大通りの花壇、冬の洞爺湖の雪と湖の色彩等が、私の脳裏に鮮やかに、そして華やかに焼きつき、「これしかない！」とすぐにカラースライド派になった。

当時はカラープリントは色が悪く、見るに耐えなかったので、スライドオンリーだったが、何しろISO10の時代だったし、カメラも距離計は連動していたものの、自動露出などまだまだの時代だったから、かならず露出計を使った。フィルムのラティチュードも極めて狭かったので、勘でシャッターを切ればほとんど失敗した。露出計は必需品だった。

それからというものは、出張時にはかならずカメラと露出計を携行し、時間があれば北海道を乱撮りした。気に入ったスライドをファイルに収めて楽しんでいたが、三年間に数百枚に増えてしまった。しかし、保存に手落ちがあり、先日何十年ぶりかに点検したら、カビが生えたり、色が褪せているものが多く残念だった。

撮影対象は大通りの花壇、雪祭り、何度か訪れた摩周湖、洞爺湖、釧路の幣舞橋の夕日、襟裳岬、函館山、虻田の硫化鉱鉱山の灰色の鉱脈と茶の鉱床のコントラスト、根室と稚内の納沙布岬の感動的な風景、層雲峡の柱状節理、石狩川口のはまなす、登別の地獄谷、紋別の流氷、昭和新山の荒々しい山肌と白煙などなど。

この頃から良い写真は、カメラマンの腕もさることながら、適切な風物に遭遇するには運もあるなと感じるようになった。当たりの確率をアップするには、チャレンジの頻度を上げればよいと考えて、同じ場所を同じ時刻に何度か訪れたこともある。美唄で夕暮れにタクシーで走行中に、或る橋の上から見た夕日が素晴らしかった。美唄には何度か出かけるので、その季節と時刻天候を記録しておいて、次の機会を狙ったが、微妙な天候気象の差で同じ夕焼けにはなかなか遭遇しない。そういうものである。

そういう場合には、慌ててフィルムを無駄にすることは避けたが、この姿勢はあるいは間違っているかもしれない。あの有名な土門拳が、黒部の峡谷をリフトに乗って越える時、スタートから到着までシャッターを切り続けたという逸話を聞いたことがある。あれほどのプロでさえ、数を重視するということを示している。最近、晴れなら晴れ、雨なら雨でそれぞれ趣を演出する努力がなければ上達しないという話を聞いたことがある。与えられた条件で最善を尽くすということは、すべてに通じることかもしれない。

昭和三十八年に単身で、香港に四ヵ月駐在することになった。その頃は八ミリも始めていた。単身なので、休日には昼夜気ままに外出しては、カメラと八ミリで香港のエキゾチックな風物を撮りまくった。特に香港人の服装、セクシーに腿まで切れ上がったチャイナドレスや商店街の雑踏風景、紺碧の海をすべるようなスターフェリーの緑と白、ビクトリアピークの夕焼け、それと決してロリコン趣味はないが、カラフルなユニフォーム姿の私立女子中学生に魅せられた。半年後、私の送別会で幾つかの作品を披露したら、現地の商社の人たちが「貴方は芸術家だ」とお世辞で？　誉めてくれた。最近八ミリはビデオに編集し直して保存してある。

その後も写真に対する関心を持ち続け、カメラもキャノンやニコンを次々に買い換え、公私の旅に大抵カメラを持参したし、たまにはカメラ雑誌でレベルの高い写真を眺めたりしていたが、自分で応募するまでの気にはならなかった。本格的に考え出したのは、還暦を過ぎてからであろう。老後の楽しみのレベルを少し上げたいという気持ちと雑誌を眺めているうちに、自分もまんざらでもないという変な自信が、私を通信教育生徒にしてしまった。

自分でこれはと期待して提出した作品が、真っ赤に添削されて戻ってくる。最初はガッカリしたが、他人の入選作品を繰り返し眺めながら、自分に対する添削者のコメントと対比し、なるほどと納得する期間がしばらく続いた。「誉めると進歩する」は、指導教育の世界でよく耳にする。あのマラソンの小出監督も高橋尚子を誉めたそうだが、私の場合は何回目かの応募品が見事入選したことと、ほとんど同時に別の作品が或る同人誌で入賞したことが、私の意欲を一層掻き立てたことは確かである。

一つは郷里の黒川の堤防に早朝出かけて取った桜並木で、もう一つはその堤防を歩く見知らぬ兄弟を咄嗟にスナップしたものだった。その後何度か入賞に輝き、郷里壬生町の文化祭では、優秀賞の栄誉に浴して県の文化祭に推薦出展されたり、富士フィルムの或るコンテストでは、屋久島で撮った「屋久杉」が金賞となって銀座のホールに展示され、多額の？ 賞金を手にすることも出来るようになった。これでますます病みつきになってきたのが現状である。

最近は、数年間の先生方の重なるコメントから、自分の写真を自分で或る程度評価できるようになった。作品によっては良し悪し両方の見方がある場合がある。試しに出してみて、バツのコメントを貰い、やっぱりそうかと納得するが、そういう時は別にガッカリしない。一つ勉強したと思うからである。現在数年前の作品を棚から引き出して見ると、「こんな作品を、なぜ送ったのだろう」と驚くほど迫力がない。それだけ自分が進歩したものと喜んでいる。

最近のカメラの進歩には、目を見張るものがある。自動露出から自動焦点は言うまでもなく至れり尽せり、なかなか使いこなせないまでに機能も満載されている。考えようによっては、技術の世界にマイクロコンピューターが闇雲に侵入しすぎて、技術を競う領域が狭められているのではないかと訝《いぶか》る時がある。ただ高級カメラにはマニュアルモードがあるので、それを使えば自分の好きなデザインで撮影できるが、専門誌を見る範囲では、専門家でもほとんどは完全マニュアル撮影はされていないように見える。

私の場合は、ほとんど絞り優先にして、ピント合わせはマニュアルというやり方にしている。最近のカメラの精度が上がったので、例えば群生する花の群の一点に自動で焦点を合わせようとしてもなかなかセットできない。焦点合わせはマニュアルがベターと思っている。ただ長時間やっていると、目が疲れてくるのは古稀を過ぎたからだろうか。

フィルムもリバーサルの方が色はベターだが、手軽さからどうしてもネガカラーを選んでしまう。しかし仕上げる側の調整技術が進んだので、色に注文つけて焼き直しをすれば、意外に希望にかなってくる。同時プリントで期待の色が出てなかったら、カメラ屋さんと交渉することを薦めたい。

最近はデジカメの発達も目覚ましい。近い将来、撮影技術とは何かという時代がくる気がする。物つくり分野では、熟練工に変わってコンピューター制御が主力になってきたが、撮影の世界でも何かその空気が感じられ、寂しい気がしないでもない。しかし、人の頭もコンピューターに負けないで進歩している。カメラ誌の上位入選作を観察すると、コンピューター機能をうまく活用しながら、さらに一歩進んだ撮影技術を指向していると思う。

最近、写真とは何ぞやと考えるようになった。それは「肉眼に映る真の映像でなく、自分の訴えたいモチーフを、如何にデフォルムさせて表現するか、そのセンスと腕の勝負ではないか」「レベルの高い写真とは、真を写さずに芯を映すものである」というのが私の結論である。

幾つか拙い経験から例をあげる。フレーミングや前景背景はイロハなので省略し、まず花の近接撮影。花芯か花弁かあるいはそこにとどまる虫のどれを主題にするか、対象を絞ってピントを合わせ、レンズを開いて周囲をぼかす方法が良く使われる。また人物にしても、あるいは紅葉にしても、同様に主対象以外はぼかすのである。肉眼では大体近くほど明確に見え、遠方ほどボケるが、それを意識的に細工するのである。

次に光の陰影については、さらに高度のテクニックと経験が要ると思う。フィルムによってコントラストを甘くする種類もあるが、一般に焼き付けると、肉眼よりもコントラストがきつくなる。しかし、そのコントラストが写真の価値を高めることが往々にしてある。肉眼の印象から印画紙に焼き付けられた写真のコントラストを予測するには、かなりの経験とセンスが必要であろう。実は私のお気に入りの一点は、私の予測以上にこのコントラストがシャープに出て、強烈な印象を与えた作品となったものである。

また水の流れ、それは滝であれ、小川であれ、また波であれ、シャッタースピードを超高速から数分の一秒の低速に変化させることで、一つの真実からまったく異質の写真が生まれる。滝が微細な水滴の集合体となって躍動感を与えたり、微風に靡く艶やかな白絹になったりする。人や物体の動きの捉え方についても同様である。

さらにレンズの選択で遠近感を誇張するのも一法であるし、光線の方向についても、記念撮影は逆光を嫌うが、コンテスト用は立体感を重視するために順光よりも逆光や半逆光が普通である。そしていずれの場合にも、バランス感覚を働かして、対象の置かれている環境に最適の撮影条件を如何にして選択するかということが技術であろう。

写真は絵画と違い、撮影そのものは一瞬で終わる。しかし、周到な準備と調査、それにその現場でのデザイン、そして前述した土門拳の逸話を参酌すれば、一発勝負では成功は稀有で、数にある程度頼る労力もまた要求される芸術であると思えば、エネルギーの消費はあまり変わりあるまい。

旅好きの私は最近、年に二―三回は海外に飛ぶ。重い一眼レフ、標準レンズ、広角、マクロそれに望遠、さらに望遠には付き物の三脚をセットにして持ち歩くので、妻には笑われている。しかし、「笑わば笑え！」の気持ちで割り切っているし、帰国後、自らの会心作を大きく伸ばして眺めることで、重量運搬の苦労を吹っ飛ばしている。

（「国際商業」二〇〇一年七月）

# オリンピックに物申す

二十世紀最後のシドニーオリンピックが幕を閉じて数ヵ月になる。今回は第一線を退いたので、テレビでゆっくり競技を堪能させてもらった。時差が一時間なので、テレビ観戦にはまことに好都合だった。ここに来てようやくオリンピック熱も冷めたようなので、クールに振り返ってみたい。

オリンピックは参加することに意義があるという有名なセリフはあるが、何と言っても選手は、勝つことを目標として数年トレーニングを積んできたのだから、金メダルこそ目標に違いないし、見る側も日本選手に期待したり、話題の外国選手の応援をするのは人情である。開始冒頭に銀に終わった若い女子水泳選手が「めっちゃ悔やしい。金でなければ駄目！」と叫んでいたが本音だろう。しかし、何事も出だしが大事という見方からすれば、この銀メダルはその後の日本選手にいい刺激になったし、気楽さを与えたであろう。

選手名、さらに競技名まであまり知られなかったテコンドーではいざ知らず、陸連や水連など本流分野の選手たちの多くは、プロ並みの待遇と環境でこの日のため練習に励んできただろうし、ここ数年、彼らはそれのみが仕事だったと思う。当然生活に心配はないし、特別の外地のトレーニングの費用もほとんどは個人の負担でないであろう。そしてユニフォームから靴まで、メーカーの至れり尽くせりの試作品。すべて金がかかっている。日本ばかりでなく、先進諸国は総じてそうらしい。

昔、アベベはマラソンを素足で完走して優勝した。今でも発展途上国では、素足はないにしても、練習設備もなく、ユニフォームや靴もありきたりで済ませているところがあるようだが、スポーツで有名になれば、選手に対して留学を含め、それなりの援助をしているように思われる。しかし、そういう国ではまだ食うや食わずやでオリンピックどころではない極貧生活を強いられている人が大勢いるのではないかと思う。発展途上国を巻き込んだ大型オリンピックは、地球規模での豊かさの証《あかし》と思えば喜ばしいが、何か矛盾も感じるのである。

開会式はますますショウ化して、冗長に過ぎるようになったし、大会の規模はますます肥大化し、それだけ経費面での膨張があるようで、委員の金銭的なトラブルに繋がっている。金をかけて人間の限界にチャレンジすることはよいとしても、そのエスカレートには、そろそろブレーキをかけるべきではなかろうか。まず競技以外のエベントなどは簡略することを望みたい。

新規事業の立ち上げでも、研究開発でも、世間の後追い、世間と同じやり方では勝てない。競争が厳しくなると、何事も常識破りの行動まで挑戦しないと、成功に繋がらないといえる。

スポーツでも同じである。今回の女子マラソンで小出監督と高橋選手が三千五百メートルの高地でトレーニングをしたことは、まさに医学の常識から言って無茶という見解もあった。彼女の通常脈拍三十五という異常さは心臓の余力の証で、その体質が高地での訓練を極めて有効にさせたのではなかろうか。通常の体質の場合には、あるいは体を壊して、オリンピックどころではなかったかもしれない。監督もおそらくこの点まで考察して決行したと思うが、大変な勇気とその決断に拍手を送りたい。

しかし、シドニーならシドニーに近い条件、アテネならアテネに近い条件に乗り込んで長期間滞在して訓練を積むには、かなりの経済的な支援が必須である。そこまでしなければ、メダルに手が届かない時代になったと言うことは、オリンピックがすでにアマチュアの世界からプロの世界に移ってしまっているように思える。どこまでエスカレートするのだろう。すごい時代になったものだ。

さて、その恵まれた環境で準備万端整えたはずの日本選手の活躍は、イマイチと感じたのは私だけだろうか。メダル獲得数は目標以上だったかもしれないし、前回以上でよくやったという声もあったことは確かである。しかし、それは女子マラソンの金は別格として、お家芸の柔道、野球やソフトが多く、本流の陸上や水泳では意外に振るわなかった。

私が言いたいことは、毎回であるが、日本の何とか強化連盟の認識が甘すぎるということである。四年に一度のオリンピックでは、選手のアドレナリンが異常に分泌されるので、それまでの記録の向上の傾向から外れる異常値が何件か出るのが常であるのに、選手や国民を鼓舞するために知っていながら、あえて強気の発言を続けたのかどうかは知らないが、「誰それは本年度世界何位だから」などと単純に期待をさせる広報に終止した。そして惨敗の後で、「世界のレベルは予想を遙かに越えていた」というおきまりの感想が繰り返されるのである。いい加減にしてくれと言いたくなる。IT時代なので、他国の情報も十分入っているはずであるから、読み方に甘さがあったと言わねばなるまい。また、クールでなければいけないマスコミも、ただただ期待感に満ちた情報を優先させたところに問題があったと言いたい。「オリンピックは特殊な環境なので、優勝記録は異常に高くなるから、今の程度では難しい」ということを、選手や国民に明言すべきであったろう。

メダルの数は前回より増えたかもしれないが、金の五個は十五位でハンガリーの次、因みに体格が似ているが日本より人口やGDPで下位の韓国は八個で十二位、金銀銅計の十八個は十四位でウクライナの次、韓国は二十八個で九位である。それらの国のGDPや人口を考えれば、誉めるどころか、むしろあれだけ大騒ぎして何たるざまか、と叱咤したくなる。そして日本の十八個のうち十三個は女子である。男子はお家芸の柔道で三個とレスリング一個、野球で一個の計五個のみで、陸上と水泳で表彰台に上がった男子は皆無だったのだ。すべての分野で女子の進出が目覚ましいし、これは大変結構と思うが、男性の一人として男も頑張らなくちゃと叫びたくなる。

国別の選手数、選手以外の派遣者数、それとメダル数、あるいは入賞者数を整理してみたら、興味ある統計が得られると思う。日本のメダル獲得率は、最低クラスではなかろうか。

国がオリンピックをお祭りとして認識し、予算をつけられる経済大国ということの証《あかし》かもしれないが、選手や各連盟も少し甘えが過ぎているのではなかろうか。多くの競技で日本が三十位とか五十位とか話題にもならず、ただ新聞紙上に小さな記録を残しただけの選手が大勢いた。陸上などでは標準記録というバリアがあるが、それらの競技ではどうなっているのだろう。派遣の費用は個人で持つのか、協会が持つのか、税金で補助するのか、比率は知らないが、参加することにのみ目的があるようなレベルの競技には、原則として税金の補助は止めたらどうか。入場式の大デレゲーションばかり目立つようでは困る。

しかし、いくら練習をつんでも、その人の能力というものがある。したがって、私はあの緊張の高まる晴れ舞台で自己ベストを出すこと、これを各人の目標にすべきであり、今回も日本人で何人かはそれを達成している。「全力を出し切りましたから満足です」とコメントしていた選手もいたが、その通りである。それで入賞できないならば仕方がない。しかし、雰囲気に飲まれるのか、気が弱いのか、メンタル訓練が充分でなかったのか、自己ベストなら入賞できたのに、遙かに及ばない記録に終わって予選落ちした人も大勢いた。

私が気に入らなかったのは、敗れた選手のコメントで、何人かは「現在のベストを尽くしたのだから、悔いはない」というコメントが聞かれたことだ。これは情けない。「最高の条件を整えて試合に臨んだはずではないか。君はどれだけ時間と金を使ってきたか」と叱りたい。「現在のベスト」とは何事か。「自己ベストが出せなかった。期待に添えず申し訳ない。次回頑張ります」と答えるべきである。日本女子選手の何人かは、敗戦のゴールで大泣きしている。参加でなく勝つことを狙って出来なかった残念さは分かるが、人前で泣くのは止めてほしい。日本人だけである。もう少し自立心を持ってほしい。

今回感じたもう一点は、審判のレベルの低さである。あの篠原の敗戦は、どう見てもおかしかった。フランス人だった副審判長は、「なんと言ったって、先に落ちたら負けさ。それが柔道よ」と言っていたが、ビデオで見る限り篠原の相手が先に落ちている。今回はルールをひっくり返せないので仕方がなかったが、いろいろな競技でビデオの活用がされているので、是非検討してもらいたい。

相撲の行司は常に勝負の見やすい位置に移動するが、柔道の審判はあまり動かないから選手の裏側は見えない。三人の審判がそれぞれちがった角度から見るということかもしれないが、競技のレベルが高いと、今回のように見る角度と審判のレベルによって反対の判定が起きやすくなる。審判の権限を認めないと話はもつれるばかりだが、今回のように審判内で判定が逆転するように分かれた場合には、試合を停止して協議するようにすべきだし、さらに強く抗議すべきだったようにも思える。あるいは新聞記事にあったように語学の問題があったかもしれないとなると、別な次元で情けなくなる。

審判員の実力は選手以上でないと、一瞬の間に正当な判断はできない。動きについていけないからである。分かりやすく言うと、柔道三段の試合を、初段の人には審判できないということである。審判員の選定については、技術レベルよりも各国への割り当てなどが優先し、甘い基準で選ばれていると思えてならない。野球やソフトにしても判定がおかしいと何度も思った。

さて試合後、篠原の「弱いから負けたのだ」の一言は、実に爽やかな印象だった。無念の気持ちを噛み殺しての言葉だったろう。そして悔やしさ一杯の銀メダルの授与式、見ていられなかった。もう一つ印象に残っている感動的シーンは、アフリカだったか、はじめて百メートルを、一分五十秒かかって泳ぎきった映像だった。途中でギブアップするかもしれないくらいばてていたが、観客も総立ちで声援を送っていた。

体操、新体操、シンクロナイズドスイミングなどで感じるのは、技術がますます高度化しているということである。体操について言えば、東京オリンピックの頃、ウルトラCまでだったが、今は呼び名が着けられないくらい超難度の技術が目白押しで、文字通り軽業師の芸を競っているような感じがする。あそこまでくると、女子の体の柔らかさを誇る演技も、美しさを越えて何か不気味な感じまで与えてしまう。当然、失敗の確率も上がるし、怪我の頻度も増していると思う。

どこまでもレベルを上げるという人間の挑戦欲、闘争心は、すべての分野で発展の原動力であるが、もう少し難易度を落とした演技をパーフェクトにこなすという競い方もあるのではなかろうか。男子体操で、日本よりも易しい演技を完璧にこなしてメダルを取った選手がいたように記憶している。

ここでラジオとテレビについて苦言を呈したい。水泳や中長距離で解説者のコメントが気になったし、柔道でもそうだった。競技の途中経過の解説は、はっきり日本人贔屓《びいき》に終始していた。私のような素人にも、あれだけ遅れたら取り戻せないと思うのに、「まだ力を貯めています」という言い方をしていた。そして終盤になって初めて「ここでアップしなければ間に合わないのに」という言い方に変えていたが、私に言わせれば、選手は最初から精一杯やっていて余力などないと思う。間近に選手を見ると、そう贔屓目になってしまうのだろうか。柔道でも「もっと攻めなければ!! 退いてばかりいては駄目」と批判するが、選手の実力に差があれば攻められないのだ。単純なことと思う、あのような解説なら要らないと思った。

女子マラソンの日は、あいにく尾瀬へのバスツアと重なってしまったので、携帯ラジオで聞いた。有名なMさんの解説は好評とのことだが、私には解説が多過ぎて、リアルな競争の場の紹介がかなり犠牲にされていたようで不満であった。テレビの場合はあれでよいのかもしれないが、音声だけの場合には、あの解説法には問題があると思ったのは私だけではあるまい。あくまでも実況放送であってほしい。最近はプロ野球のラジオ中継にも、やたらと解説が多すぎる。

ついでにNHKにも一言。マラソンは七時スタートである。九時には選手たちが何時スパートをかけるか微妙なタイミングだったのに、定刻の九時に中継を中断してニュースを放送した。総理がIT教育の予算をどうのこうのという内容だったが、緊急の事故ならともかく、内容的には三十分遅らせてマラソンを連続して放送するのが聴取者へのサービスではなかったろうか。事実、その僅かの間にスパートがかけられて、肝心な瞬間についての生放送を聞けなくて残念だったと記憶している。

最後に日本人について、特にメンタルな訓練と基礎体力の充実を望みたい。人種によって体質が違う。百メートルの決勝八人中五人は黒人で、胸の厚さ、腕の太さはまるでプロレス並みの体格と筋肉。日本人には限界があろう。ハンマーの室伏の体にも、何となくひ弱さが漂うし、マラソンの高橋の腕の細さは、外人選手の堂々たる体格と対照的である。日本人はすぐに記録や勝負にこだわった技術的な訓練を重視し、それなりの成果も見られるが、それ以前の基礎体力をつける訓練をもっとやらないと、長い目で見れば世界に離されるのではなかろうか。野球やゴルフでも、同じことが言われる。投球術や打撃術よりも、下半身をランニングで鍛えることが重要だと。もちろんやっていることだろうが、その面への配慮がいっそう必要と思える。

それと大舞台のここ一番で実力を充分に発揮できる精神力、自己ベストの更新を期待できるようなメンタルな面の訓練もますます必要になる。日本人でもそういう例はある。スケートの清水、相撲では千代の富士などはその例であろう。選手と監督の人間関係がよく取り上げられるが、単に技術や記録の向上ばかりでなく、メンタル面でも選手の個性を生かした非画一的な指導がオリンピックに勝利するための方策と思う。

要するに、心身両面のバランスをとった鍛練という基本に返れということだろう。

（二〇〇〇年十二月記）

# 勝利投手とは？



私は終戦直後からのプロ野球ファンで、「国鉄」時代からの熱烈なヤクルトファンです。以前からプロ野球の勝利投手の決め方に疑問を持っていました。いや、むしろ勝利投手とは何なのか？　という疑問です。文字通り勝利にもっとも貢献した投手と言うことでしょうが、誰が考えてもそれと理解できる場合は良いとして、どういう基準で決められたのか、解らない場合が度々あります。幾つか例を挙げて説明します。

第一は、先発が崩れ、中継ぎが何人か頑張っている間に逆転した場合とか、早めに先取得点を取ったが先発が何かの都合で早く降板し、その後数人で繋いで勝った場合など、一人の投手のみに勝利投手の栄誉を与えるのは如何なものでしょうか。百三十五試合もあるのだから割を食う場合もあるし、ラッキーな場合もあるから良いじゃないかというのでは、当事者にとって見れば、何とも割り切れないのではないでしょうか。

一例をあげましょう。一九九七年、ヤクルトが先取点を取ったまま逃げ切った試合がありました。先発はアクシデントで三回で降りたので権利がなくなり、中継ぎの中から二回を零点に抑えた高給取りのTが勝利投手になりました。同じく二回を零点に抑えた二線級のNはがっかりしたと翌日報じられました。理由はある新聞によると、取った三振の数に一つ差があったからだと書いてありました。奪三振一つが勝敗を分けたわけではないことは明らかです。

日本シリーズの第五戦でも、矛盾を感じたのは筆者だけではありますまい。先発のBは四回を投げ失点ゼロ、その間に味方が三点取ってくれたので、後一回投げればルール上は、文句なく勝利投手の権利があったのです。しかし、監督の考えで完全に勝つためにご承知の豪華リレーで西武を完封し、チャンピオンフラッグを獲得しましたが、問題の勝利投手は三番手で二回を無失点に抑えたIがなったのです。

Iが二回を打者六人で完全に押さえたならまだ解るのですが、その内容はかならずしも良くなく、打者十人に安打一、四死球三でした。一方、Bは四回で打者十四人、安打二、四死球二ですから、どう見てもこの場合はBの内容の方がよい。先発は何が何でも五回投げなければ権利がないというルール、Iの他の三人はそれぞれ一回ずつの登板だったので、二回投げたIに栄光が転がり込んだということでしょう。Bはルールの犠牲者といえます。この他にも類似の例が数多くあると思います。

以前は今ほど中継ぎのウエイトは重くなく、負け試合の他は多くは完投とショウトリリーフの組み合わせだったように記憶しています。その環境で勝利投手の決め方が決まり、現在まで続いているのでしょうが、今のように継投が普遍化した場合には、そのルールを見直す必要があると思うのです。

完投しない場合、先発は五回投げなければ権利がないというルール、これは良しとしましょう。ただしそれを原則とし、例外として、もし先発が五回未満でも中継ぎが何人も出た場合には各人の投球回数、登板した状況（ピンチだったか否かなど）、投球内容等を参酌して、先発にも権利を与えるべきでないかと思っています。特に先述のBの場合など、まさに典型的な例です。

さらに矛盾を感じるのは、リリーフが責任を果たせずに同点、さらに逆転された場合に、その後、味方の打線が再逆転したら、そのリリーフに勝星が転がり込む今の規則は、どう考えてもはなはだ不合理です。まさに罰金もので、球団では減点評価しているはずです。しかし、公式には栄えある勝ち投手となるのです。超矛盾と言わざるを得ません。私はリリーフ前に頑張った投手に与えるべきと思うのです。

公式の記録ではなくなりましたが、勝利打点という記録があります。今も一部の新聞では報じられています。その場合にも勝利打点なしと判定される試合がしばしばありますが、私は勝利投手についても、一人に絞りにくい場合は無しという試合があっても良いと考えます。統計的に継投で頑張った試合がどの位あったか、別な見方で監督の采配の評価になると考えるからです。

勝利投手を一人に絞れない場合、貢献度を少数以下に分けるという考えもありましょう。

しかし、コンマ以下の評価について今と同じようになぜ〇・三でなく〇・四なのかという不満も出るでしょうが、今のように数人で貢献しても、誰か一人だけが栄誉を独り占めするよりかは、当事者としてはベターかも知れません。ただ問題を複雑化してしまうので、素人向きでないし、あまり良い方法とは思えません。

現在のシステムですと、疑問のある数字でも勝ち数は記録に残ります。同じ一勝にも完封もあれば、中継ぎで一―二回投げる、極論すれば一人の打者をアウトにしただけで儲《もう》ける幸運者も年に何人かいます。私はそれを否定はしていません。その一人を討ち取ったために勝ったと認識されれば、文句を言いません。言いたいことは、複数の候補投手がいて選択に迷う場合には、むしろ無しで良いという意見です。

しかし、現システムは結果としての勝ち星のみを重視して何勝投手と言う呼び方をするし、球界でも二百勝すれば名誉ある殿堂入りとなります（前述しましたが、リリーフの失敗の後に転がり込んだ幸運の勝ち星も、無条件でカウントされます）。

事実、巨人軍の一九九七年のMやKの契約更改に際し、勝ち星そのものを指標に取り上げるやの記事が出ていましたし、ヤクルトのHが契約更改にサインした時、「数字にならない中継ぎを評価してもらった」と言うコメントをしましたが、私は実際には各球団とも単純な勝星でなく、それぞれもっと複雑な評価システムがあってコンピューターを駆使して数字を出していると思います。ただその数字なり、システムは、球団の秘密になっていると思っています。

推定するに、もちろん勝ち星を無視すると言うことではないにしても、素人の世界ほど重視せず、防御率を始め多くの指標が準備されていることでしょう。そしてリリーフに出て逆転され、味方の猛打で摑んだ勝ち星などは、減点項目にカウントしていると思っています。

制度を変えると、記録の継続性がなくなり、統計の見方に問題が出るのは確かです。試合数が今年から五試合増えたので、当然ホームラン数も安打数も増えるはずですが、いちいち従来の百三十試合に換算して評価することはしないでしょう。相撲の世界でも、優勝回数や連勝日数も半世紀以上前の双葉山の一年二場所、各十一日から十三日時代の六十九連勝と現在の一年六場所、一場所十五日の時代では、当然価値が違うはずですが、一つの制度がある期間続けば、事実上余り問題にしなくなるものです。

野球において投手関連の環境は大きく変化してきました。打撃の技術の発達、ボールやバットの改良に対抗した球種の増加は、投手の疲労の増加を来たし、その結果、完投の減少、継投の増加、二十勝投手の減少などに現われています。私は誰にも親しみやすい勝利投手のルールについて、時代にフィットするように見直すべき時期ではないかと考えている次第です。

（一九九八年十月記）

# 通勤快走新幹線

午前六時十五分。目覚ましの心地よいメロディーで私の生活が始まる。七時に愛車は若向きの日産セフィーロで、朝日に映える筑波山の双頭を前に左にめでながら小金井駅までひと走り。在来線で小山へ一駅。新幹線で東京まで四十五分。そして有楽町着八時三十五分。これが私の通勤経路。

友人に話すと、十人中十人が「大変ですね」と驚きとも同情ともとれる表情をする。ところが、本人にとってはこれが生活のリズムになっているので、まったく苦にならないことがどうも理解されないようだ。

新幹線のキーワードとして格好よさ、ぜいたく、効率などが思いつくが、車中でコーヒーをすすりながら、新聞に「サー」と目を通せるリラックスムードは、確かに東京の殺人的な通勤風景と格差あり、といえる。

鉄道や道路は、歴史的に集落間の交通を目的として建設されてきた。ところが、今はどうであろう。はじめに交通のインフラがあり、後から集落での諸々の文化環境の構築が追随するというパターンになっていると思う。自動車社会はこれを線でなく二次元に広めたといえるが、東北新幹線の開通も、ルートは在来線とほとんど同じであっても距離感の圧縮というインパクトで、この地方に壮大な社会実験を強いているように思う。

事実、宇都宮や小山に在京企業の社宅が増え、新幹線通勤増加の一因となったし、また通学生も急増し、普通車の乗車率は百数十パーセントの時もある。これはバブル崩壊後とはいえ、上り切った地価に対する公私の対策かもしれない。

一方、一通勤者にとって朝の数十分は貴重であるし、女子大生の場合にはセキュリティーのメリットもあろう。とすると、新幹線通勤とはハイテクのインフラを縦糸とし、生活の豊かさやゆとりをも評価したタイム・イズ・マネーを横糸として織り込んだ新生活システムといえよう。

ミニ情報を一つ。東北新幹線の東京駅ホームは一つで一日に二百本の列車を発着させており、これは東海道新幹線の同駅ホームの倍の密度である。しかもまず遅延はない。私はこの操車システムは、まさに神業であると思っている。むろん、コンピューターの最大限の活用あってであろうが、車内清掃の手際よさを眺めていると、いわゆるマンマシンの共生の一面を垣間見る感がある。おかげでラッシュ時には発車五分前までホームで寒風にさらされるわけであるが……。

栃木県には日光国立公園があり、また太平記の足利、蔵の街の栃木など観光資源は豊富。

そしてメディアにのる映像としては、かんぴょうむきとか、いちご収穫など牧歌的農業県であることを強調するものがほとんどである。

しかし、現実はどうだろう。県内には自動車、電気などの大手企業が多数進出し、いまでは立派な工業県に変身していることは意外に知られていないと思う。県単位のGDPはすでに第九位まで躍進しており、新幹線操業は、このトレンドに一層拍車をかけることになろう。県民としては偏りのない全体像をPRする必要を感じるし、またジャーナリストの方々にも先入観を捨てた取材をぜひお願いしたいと思う。

とはいうものの、この地方にはまだ緑が豊かである。ささやかながら庭の植え込みを楽しむこともできるし、また車で数十分も走ればゴルフ場がめじろ押しなどという違った切り口から眺めた環境も、問題含みではあるが、通勤者にとって見落とすことのできない魅力であろう。

（「東京新聞」〈宇都宮版〉一九九二年十二月二十八日）

# ホントの病気初体験

私は元来健康で、四十五年の会社勤めでも病気らしい病気の経験がなかったが、今回、退任間際に始めて二週間近く床についてしまった。

五月十七日が娘の結婚式だったが、十四日に会議中、煙草の煙が異常に扁桃腺に滲みたのが始まりだった。夕食後、熱っぽくなったので直ぐ薬を飲んで寝たが、夜半に熱が三十八度を越した。しかし、十五、十六日の静養でほぼ治ったと感じたし、十七日の娘の結婚式当日は気分が良く、親としての興奮と喜びを満喫した。

ところが、十八日には昼頃から、また不快となり微熱が出始めた。「変だ」と感じて、二十一日に親しくしている近所の医者の門を叩く。

検査の結果、医者から「肺炎です」といわれたのには驚いた。白血球一万二千（正常値は四～六千）、CRP十三（正常値〇・二以下）と異常で、さっそく点滴となった。以後、毎日点滴に通院。熱は朝方三十六度七分ぐらいだが、夕方には不快で三十七度二～三分の繰り返し。

二十六日に二回目のX線写真を撮ったが、前回と並べると、素人にも明確に解るほど映像に変化があったのには驚いた。白血球七千、CRPは七に減少しており、X線の映像と符合していた。

「二十八日に重要な会議があるので、ぜひ出勤したい」と申し出たが、医者から「年と病名を考えろ」と厳しく止められた。仕方なく週末まで休む決心をし、秘書役に連絡を入れたが、その二十八日にも午後、顔が火照って夜まで続いた。

しかし二十九日はまったく快調、完治したと期待して通院し、三回目の検査となった。血液検査の結果は白血球六千、CRPは一。「まだ正常値ではないが、後は自力で回復するでしょう。来週から出勤OK」。しかしこの日の午後、またも顔が火照った。まだ完治してない証拠であった。ただ、この頃になると朝の体温は三十五度三分、夕方もせいぜい三十六度二分止まりで、図らずも三十六度五分が決して安静時の正常値でないことを確認した。

いよいよ六月一日から出勤。しかし予想外に疲れた。駅の階段、特に降りる時に膝がガクガクするということは、このことかと実感した。さらに午後になると顔が火照って、これで本当に治ったのかな、またぶり返すのではないか、と不安もあったが、発熱がないから、単なる体力の回復未完ということと認識して時を待った。

はたして四回目の検査の日を翌日に控え、ようやく元気さも百パーセント戻ったと確信した。翌朝通院し、確認のための採血。白血球四千九百、CRPは〇・一。完全に正常値となっていた。先生から、「年だから無理は禁物です。発病は瞬時だが、回復には日数が掛かるものです。焦っては駄目です」とたしなめられた。

最近、年寄りの肺炎による死亡例が多い。風邪の症状なので、甘く考えているうちに手遅れになるのだろう。私も後二〜三日処置が遅れた場合を想像するとゾッとする。ただ、これまで何十回か風邪を引いたが、肺炎菌に感染したのは始めてである。なぜなのか？　風邪で不調時に娘の婚礼があり、特に体を動かさなくても精神的な緊張も影響し、無理が重なったかも知れないが、この程度の無理はこれまで何度も乗り越えてきたはずである。「年齢で免疫力が低下した」といってしまえば簡単だが、「まだまだこれから！」と考えているので、何か気になる初体験ではあった。

もう一つの感想は科学治療の発達した現代でも、病との付き合いでは医者と患者のコミュニケーションをベースとした信頼関係が鍵ということである。医者面を捨てた面倒がらない説明と対話、私の場合、納得ずく、スッキリした気持ちで通院できたことも幸いしたと思うのである。

（「国際商業」一九九八年十二月）

# 点滴三昧：ビールス叩《たた》記

あまり嬉しくない言葉であるが、今回物心ついて以来始めて入院し、しかと体験することになってしまった。何しろ毎日、早朝、午後と就寝直前の三回、各二時間強の点滴だから、食事や睡眠時間などを考えると、可処分時間の半分になる。平熱で頭痛もなく、胃腸も正常なままの点滴三昧《ざんまい》の入院生活は特異と言えよう。

病名は帯状疱疹。幼少時の水疱瘡のビールスが体内に潜んでいて、老体（私もその範疇？）に疲れが出た時に数十年ぶりにやおら活動を始めて神経系統をアタックするため、片半身のどこかに痛みや発疹が出る病気である。発疹部位は顔面、腹、腕などアットランダムらしい。私の場合は腰から左腿にお出でになった。腰にきた場合は坐骨神経がやられるので、ちょうど椎間板ヘルニアのような痛みと痺れをともなう。

後で考えれば、一日目の夜は何か左腿や膝付近に違和感があり、何だろうと訝《いぶか》りながら眠りが妨げられたが、二日目の夜はすでに膝から腿にかけて痛みが激しく、ほとんど眠れなかった。皮膚の表面近くに独特の痛みがキリキリと走るのだからたまらない。骨の痛みではない。また、筋肉痛でもなさそうで、これが神経痛というものかなと考え、整形外科の領分と判断して、翌朝、友人の谷田部医院を訪ねた。

一応レントゲンを撮った結果、「骨は老化しているが、十五年は持つ」と言われた。「十五年持てばいいヨ」と笑ったら、次に「そのうち発疹があるかもしれない。それはややこしい病気だよ」と言われた。私はその時まだ帯状疱疹とは気づかず、帰宅して家内に話したら、「帯状疱疹かもよ」と言う意見だった。

近所にも首都圏の友人にも何人か経験者がいて、大変な病気と知ってはいたが、発疹がないのでどうなのかと不安だった。ところが、その夕方から今度は左腿外側に痺《しび》れが始まった。長時間正座に耐え続けた後で感覚が鈍るあの痺れである。何とも不快きわまりなし。しかしまだ発疹はない。この痺れはやはり整形外科的な異常かと考え、翌朝再度、谷田部医院を訪ね、そこで大病院でＭＲＩの撮影をするように勧められた。

実は昨年暮れ以来、右脚全般に軽い痺れが続いていたが、五月の転倒の後遺症と思っていたところ、今回は左腿の痺れである。何かの本で、体の二箇所に痺れがきたら脳梗塞を疑えと読んだことがあるので、谷田部医院を出た足で、懇意にしている専門医を訪ねてＣＴを撮り、脳に異常なしを確かめた。取り合えず一つは潰せたわけだ。

皮膚科の医院に勤める従兄妹の娘に聞いたら、帯状疱疹と疑っても、発疹がないうちは抗ビールス薬でなく痛み止めしか処方しないと言うことなので登院しなかった。翌日、痺れの範囲は左腿全体に広まった上に、腰全体に痛さで重圧感がでて、歩行にも抵抗を感じるようになった。

そしてその翌日、痺れが出てから三日目の午後、待ちに待った？ 発疹となった。まだ左腿に蚊に食われたようなポツポツが七―八箇所出来ただけだったが、これでやっぱり帯状発疹かと観念した。痛さと痺れは漸増しつつあって、毎晩ほとんど眠れない状態が続いていた。大病院で内科医をしている姪と相談の結果、皮膚科と整形外科のあるその病院を訪ねて両面から診察を受けることとし、翌月曜の朝、鹿沼まで三十分、マイカーを走らせた。一晩で発疹は立派に進行していた。

皮膚科は美人の若い女医さんだった。診察の結果は帯状疱疹で、発疹範囲は広い方だが痛みは私の話から中程度と思うとの診断だった。ややあって「入院して一日三回点滴がベストだが、通院で一日二回点滴でも通院投薬でも治ると思う。どれを選ぶか」と聞かれた。「入院希望だが、身辺整理をするので水曜からにしたい」と答えて予約した。

という次第でその日は錠剤をもらった後で、予定通り痺れについて整形外科をも受診した。そこで帯状疱疹が腰に出たら坐骨神経がやられるので、足に痺れがくると模型で説明を受け、百パーセント納得した。しかし、念のためＭＲＩの予約をした。

その日の昼から錠剤を飲み始めたところ、翌火曜日の夕方頃から痺れと痛みが少し減少し、久しぶりに眠りに入れた。しかし、夜中にふたたび痛みが激しく眼が覚め、「これは薬が切れた？」と判断し、翌朝の分を半分飲んだところ、気のせいか眠れた。

水曜日に再度登院し、経過を話して医者と相談したところ、「通院して一日二回点滴でも良かろう」ということとなり、入院をキャンセルしてから点滴室に入った。ベッドとリクライニングの椅子が狭い部屋にギッシリ詰まっていたが超満員で、点滴開始までに二十分ほど待たされた。点滴中は患者はやることがなく、饒舌な人が大声で喋《しゃべ》っては周りが同調している。

あまり待たせるので文句をいう人がいたが、「あまり文句言うと、ツマランもの入れられっかも知んねーぞ」「おめーのはゆっくりじゃねーけ。高い薬だんべか。俺のは安もんカナ」「病院は儲《もう》かってしょうがなかんべ」「いや、ここは医者の給料が高すぎて大赤字だそうだ」「どしたんだい」「首の骨が消えてなくなっちまうだってさ」「ンじゃ死んじゃうべな」「けんど、前は毎週だったが今は月一回ちゅうから、良くなってんじゃなかんべか」などなど。聞いていていて退屈しなかった。

私はお喋りを耳にしながら二時間、片手で軽い本の流し読みをしていたが、毎日二回来院は大変だと感じ、点滴終了後再度、診察室に戻って、「入院し一日三回点滴に徹したい」と希望を変更した。幸い空きベッドがあったので、直ぐ入院となった。正《まさ》しく貯えを使う場と考え、個室を希望したが、重病患者用にしているとのことで断わられ、大部屋となった。

夕食から病院食となる。どうせ美味《うま》くないだろうと予想し、昼は近くの小奇麗なレストランまで車を走らせ、〝最後の午餐〟としてビフテキを奢《おご》った。

六人部屋だったが、空いていた窓際に陣取った。落ち着いてほどなく、十四時からこの日二回目の点滴が始まった。この病気の治療でビールス叩きは、錠剤でも点滴でも一週間に限られている。一週間で充分で、それ以上やる意味がないと言うのが公式見解だが、一日一回でも三回でも回数に関係なく日数だけが決められているのは科学的に理解できない。

もう一つの疑問はその後は、原則としては自費でもやれないらしい。後で色々な人から聞いたが、副作用があり危険性があるためらしい。例として制癌剤との併用で大勢死亡したことがあると友人から聞いたが、真実かどうかはわからない。

さて私の場合は、二日間錠剤を服用したので、点滴は最大五日と言うことになる。一日三回だから十五回だ。十五回も針をブスブス刺されたら、血管もたまらんわいと思っていたら、手首の点滴の場所に針を刺し、コックのついた受器を連結して、点滴後は血液凝固防止剤を注入しておき、次回に点滴薬のボトルの管をその受器に繋《つな》ぐという簡単な方法だった。針は刺さったままだが、固定されているので痛くも痒くもない。

かくしてこれから五日間、毎朝六時、昼食後の十四時、眠る前の二十二時の三回、点滴三昧の生活が始まったのである。

朝六時にチャイムが鳴り、「患者さん、検温のお時間でーす」のアナウンスで一日の生活が始まる。私の場合はその直後、「点滴しまーす」で、手首の受器に管が繋がれる。以前の患者が餌つけしたらしく、野鳩が毎朝三羽、窓をコツコツ突っ付いて朝のご挨拶にくる。

起きたばかりなので生理現象があるのは当然で、ボトルを吊るした点滴台を引っ張ってトイレに向かう。これまで何度か病院に見舞いに行ったことがある。患者がパジャマ姿で点滴台を引っぱり、管を垂らして院内をウロチョロしていたのを見てきたが、自分がその姿を曝《さら》すとは数日前まで夢にも思わなかった。命綱を手放せない不自由で哀れな人種と、同情の眼で見ていたが、自分で体験すると意外に不自由さはない。気分的にも治療中と割り切っているのでサバサバしているし、激しい運動をする気持ちもないので気楽なものだ。

ある時、点滴してないにも関わらず、わざわざ点滴台を引っぱってトイレまで行ってしまい、朝顔に向かって一物を引っ張り出そうとした時に始めて気がついたことがあった。短い間にそこまで習慣づけられてしまうくらい苦にならないのだ。何事も体験しなければ分からないものと、認識をあらたにした。

毎朝と晩に姪が顔を出してくれた。心強い。医者も看護婦も、先生の伯父さんと一目置いてくれていたようだった。五階なので、夜は鹿沼市の百万ドル？　の夜景が楽しめた。高校の運動場の照明が毎晩、空を明るく照らしていた。

今の病院は大部屋と言っても各人の整理箱はあるし、テレビもある。各自にフレックスのアーム付き照明もセットされているから、夜間でも本が読める。緊急用の押しボタンも枕元にある。それでも我儘《わがまま》なのか体力がないのか、本人でないと分からないが、「おおー」と単に叫び声を上げる老人が同室にいた。

「ボタン押しなよ」と、誰かがカーテン越しに言ってやっても通じない。私を含めて複数の人が同時にボタン押しを代行するので、部屋中あちこちで「プー」「プー」と二―三回鳴る。「何ですか」とすぐ看護婦さんの御到来。看護婦さんはまず例の人のところに直行した。聞かなくても分かるのだろう。

病院食は栄養価が計算されているので、運動しない患者には質量ともに最適なのだろうし、味付けも私の好みに合致していたのは幸いだった。が、量は普段より淋しいので、痛い腿と腰を引きずりながら、近くのコンビニでサラダ、缶詰、おでん、チーズに牛乳などを仕入れて追加した。不思議とアルコールを院内で飲む気持ちにはならなかったのは、これでも患者としての自覚があったといえる。とにかく奇妙な入院患者だ。

後の話だが退院後、体重は二キログラム増えていた。運動せずに栄養をとりすぎたためだろう。ただ痛みと痺れだけは点滴にも関わらず、二―三日は増大した。何だか体の節々全体が痛くなり、寝起きもしづらくなったし、歩行中も腰を伸ばせなかった。

入院前には「点滴の合間に、金崎の花見にでもドライブするか」と半分本気で冗談を言っていたが、それどころではなかった。発疹の時期から考えると、増殖中のビールスと薬との闘争が最盛期だったのだろうか。後で読んだが、各リンパ腺が腫れていたのかもしれない。毎朝の検温で入院後二日は六度二分あったが、次の日からは五度八分に安定した。これが私の正常値だから、入院初期は確かにおかしかったのだろう。

言ってみれば、食事だけが楽しみの生活。私は狭いシートで食事のみが楽しみな欧米への十数時間のフライトを思い出していた。しかし、こちらの方がベッドで横になれるし、院内の広いスペースを歩行できるからまだましだろうと、プラス思考をとることにした。

入院翌日に、看護婦さんに「体、拭きますか」と聞かれた。自分で浴場に行けるので、反射的に「ノー」と返事してしまったが、そんなに弱って見えるのかと不思議だった。後で知ったが、一応入院者に希望を聞いてみるということのようだった。

ベッドでの作業なので、もちろんブリーフは取らないのだろうが、若い女性に体を拭いてもらう、またとないチャンスだったのにと残念至極。しかし、私の体調を理解したのか、二度と「拭きますか」の呼びかけもなかったし、ヤマシイ気持ちのある？　私から「是非頼むヨ」とも言いづらく、これで沙汰止みとなってしまった。惜しかったと後悔している。

毎日昼過ぎに女医さんが診察にくる。間仕切りのカーテンを閉じて、下着姿となって患部を観察してもらう。腿なのでもちろん付け根まで調べるし、ブリーフを広げて臍《へそ》の下や腰と臀部《でんぶ》を上から覗《のぞ》いてもらうのだ。「カサブタになりかかってきたから、お孫さんや妊婦（娘）への伝染は大丈夫と思う」と言われたので家内に夜、電話した。「私にはどうなのよ」と不満の声色で催促。忘れていたとも言えないので、「大人はいいんだろ」と答えたが、体調を壊している家内の現状では要警戒かもしれない。

入院翌日に予約した腰のＭＲＩを撮り、痺れとの関連を検査した。撮影に入る時、「キョウショ恐怖症じゃないですね」と念を押された。

「何ですか」「狭いところに入るのを怖がる人がいます。狭所恐怖症です」「そう言う人はどうするのですか」「安定剤を注射しますが、絶対に嫌だと言って検査を拒否する人もいますよ」

色々な人がいるものだと思った。これも文明病の一つだろうか。十数年前、技術調査のツアーで休日にウインで有名な映画第三の男の観覧車に乗った時、ある会社の役員をしていた人が高所恐怖症でまったく下を見られずに、観覧車の中央でジッと正面を見据えていた姿を思い出した。その種の病にある人は、それぞれその場に望んだ時は命懸けの緊張となるのだろうが、これもその病気でない人には苦しみは分からない。

撮影中の二十分間、ハンマーの打音のような騒音に同調して患部の神経がピリピリと疼き気持ちが悪かった。病的状態にある神経にとって、何か電気的な反応が起きるのだろうか。技師に聞いたら、「あるかもしれない」と自信なげな回答だった。

六人部屋だが、後の五人は整形外科の患者。全員が足の骨折。三十代の二人は四六時中モバイルのゲームに興じていた。枕元は写真週刊誌の山。八十歳近い二人は手術直後で歩行困難。そのうちの私の隣の人は独り言の主で、夜中までブツブツ独り言。「あ痛！」のほか「何でこんなに痛いのか」「死んじまいたい」「眠れない。困った」。見舞いの奥さんが帰りに「無理しなさんな」。本人「動けねーのに無理できっか。この！」。もう一人の老人は前述の「あーうー」

向かいは五十歳の現役の会社員。奥さんが毎日朝から副食を持参する。労災で、やはり足の骨折で四十日入院していて、今はリハビリ中であった。ある朝、彼のところへの食膳の運搬が少し遅れた。「俺の飯どした！」と声をあげたら、すかさず看護婦が「ＶＩＰだから大丈夫！」と応じていた。働き盛りの年代で、見舞いにくる若手といつも会社の話をしているが、「忙しいか」「うん。だけど全然儲《もう》かんねー」。不景気がここにも染み付いている。

どこでもそうだが、女性も年配者になると、男性トイレに堂々とお入りになる。ある夕方、点滴台を引っ張って用足しを終えたところで、腰の曲がった車椅子のお婆さんが大の方から出てきて顔をあわせた。口は達者な人で、彼女に「お互いに頑張りましょうネ」と励まされてしまった。院内の人間模様といったところであろう。

痛み止めは副作用を警戒して晩だけ飲んでいたが、どうしても我慢できず、三日目から朝晩飲むことにした。そのためか痺れは変わらないが痛みは取れたし、前述の全身の痛さもなくなり楽になった。しかし、痛み止めは本質的な治療でなく、麻薬的な効能ではなかろうか。ただ気分的には楽になることは確かである。ちょうど解熱剤が本質的な治療薬でないのと似ている。

しかし、熱を下げた状態で本命の治療薬を効かせることに意味があるのと同様に、痛さを除いた状態で治療することに意味があると、退院後、関連する本で読み、なるほどと理解した。自宅では痛くて髭を剃る気にはならず、無精髭一杯になっていたが、痛みの減少で手入れをする気になり、久しぶりにサッパリした。

点滴はあまりスピードを速くすると、尿として流れてしまう。ゆっくりがよい。入院して点滴と食事だけが仕事だから、何時間かけても良いはずだが、やられる当事者にしてみれば、時間の長さは程ほどにして欲しいものである。私の場合、標準として二時間と言われた。看護婦によって癖があり、一時間十五分から二時間四十分のばらつきがあった。早く終わったら本当はロスが大きくてよくないはずだが、何か仕事が早く終わったような錯覚に陥る。学生が休講を喜ぶのと似ているようだ。

特に毎日の三回目の二十二時から点滴のやり方について、看護婦の性格が出ていた。本来は二十二時から始め二十四時過ぎに終了だが、私が二十一時にしてくれと言っても、「二十二時でないと駄目！」と断わる看護婦がほとんどだった。しかし、こちらが何も言わなくても、二十一時に始め、要領よく二十二時半頃終わらせる人がいた。私はロスは大きいかもしれないが、その日だけは早く眠れて好都合だし、彼女たちにも何かいいことがあるのだろうか。

土曜日になり、例の受器の使用が十回を越した頃、なぜか点滴が途中でストップするようになった。重力を利用しているので、手首をベッドから下に下げると、タラタラと高速で落ち出す。手首の微妙な位置と動きで、点滴のスピードを調節しなければならなくなった。

看護婦に聞くと、「静かにしている人は一週間もつが、貴方は動きまわるので、早くこうなってしまった。セットしてある針の先が微妙に変化して液が詰まるのだ」と言われた。針先に変化があっても痛さはまったくないのは、血管の中で神経がないためなのだろうか。

とにかく点滴している二時間、滴下状況とニラメッコではたまらないので、なんとかしてくれと頼んだら、受器が抜かれ、後三回だから毎回針を刺すと言われてしまった。これも嬉しくないが、まあ大したことでないのでそれに委ねた。

入院四日目の土曜日になると、痛み止めのためと点滴のためで、痛さも発疹の跡もはっきり良くなってきた。ただ痺れはほとんど変わらない。前述したリンパ腺の痛みのような全身の痛さはなくなり、歩行も楽になった。今回の場合、前述したように治癒の程度に関係なく、始めから退院の日は決まっている。日曜の二十二時の点滴までが限度であるから、そこでビールス退治の作業は終わる。したがって月曜に退院である。

私には入院前の錠剤の効果が印象的だったので、月曜からの分としてその錠剤を二—三日分欲しいと申し出た。原則は前述したように自費でも追加は出来ないが、なぜか医者は最後に「薬剤師と相談する」と言われ、その結果、二日分だけ自費払いで出してくれた。看護婦のセリフは、「出してよいと言うことになりました」。とにかく、何かいわくのある薬、普通の薬ではなさそうである。

退院の日、整形外科に顔を出し、先日撮ったＭＲＩについて診断を受けた。「整形外科的には脚の痺れと関連はない」と断定された。

かくして最後の病院食のランチを病室で平らげ、同室の人に気持ちばかりの品を配って、晴れて退院となった。しかし、病気が完治したわけでなく、痛み止めで痛さを押さえ、痺れを残したまま、帰宅後の二日間の例の錠剤の効能に期待をかける。そして今後週一回の通院でしばらく病気と付き合う覚悟を持った複雑な気持ちでの退院であった。

退院の診察時、好きなビールとゴルフについて恐る恐る伺いを立てたら、意外にも「その気さえあればどちらもＯＫ」とのご託宣だったので一安心した。

この病気は取り組み方を誤ると、大事になることもある。特に顔面に出ると、顔面神経症や網膜炎から失明に至る場合もあるとのことで、何よりも早期治療がポイントと後で読んだ。

私の場合は異常を感じてから六日目、発疹した翌日に治療を開始したが、帯状疱疹と考えた時点で発疹前に点滴をしてくれる医者を捜せば、もっと軽くすんだかもしれない。とにかく、今後の病との付き合いが一ヵ月ならよしとするが、友達のように数年とならないことを神に祈るしかない。

（二〇〇一年四月）

# 香港便り

一九六三年七月から四ヵ月半、単身で発破の技術サービスのため駐在した。

**アンバランス**

リオデジャネイロと並び世界的に有名な夜景を讃えられる香港——すぐ美しい街並、エキゾチックな風情が頭に浮かぶことと思います。私も、そういう期待を持って啓徳飛行場のタラップを降りた一人でした。

しかし、ここに住んでみると、たしかにそのような面もありますが、実に奇妙というか、奇怪な街ということに気がつきます。貧困、混雑、水不足、不潔、こういうものが混然とうごめいている非健康な一面が痛烈にわれわれの目に映じる一方で、ごく少数の金満家と、中産階級が経済的にも文化的にも、香港を独占してしまっているわけです。

例えば、庶民の唯一の娯楽機関たる映画館に入れる人口、海水浴を楽しめる人口がそれぞれ三十パーセント、十パーセント程度ということから、そのアンバランスの程度を想像することはそうむずかしくないでしょう。

「政府の役人は英本国から任命され、数年勤めれば交替するという仕組みだから、一般市民の心になって市政を改善する意欲に欠けている。香港はno election no good!（選挙なしで良くない）」と怒る若い中国系のインテリもいます。

英国労働党の役員がくると、日本にもよくある何とか放談という形で、「わが党が天下をとれば代表を英議会に送れるようにしたい」という個人的意見を披歴したりしていますが、大部分の住民は政治よりマネーですから、ほとんど無関心です。only money, no money no talk,（金だけだ。金のない人とは話さない）。これがこの植民地に生活を営む人の間に培われた心情となっているようです。

しかし、政府もただ拱手傍観でなく、苦心はしているようです。そうすることはすでに一つの政策云々でなく、私には人道上の問題というところまで来てしまっていると感じられる次第です。ただ、どうしても対策が追いつかぬので、相対的に無為無策という不平不満が絶えないという実状のようです。

## 香港の当面する問題

香港の当面している問題は何か。それは教育と、水、そして住宅を挙げることができます。給水は現在四日に四時間だけで、これは当分、少なくとも来年の夏まではつづくでしょう。というのは、今の貯水量が、平常の半分以下であり、これから渇水期に向かうからです。

1963年、ビクトリアピークからの眺め（高層ビルはない）

この厳しい給水制限で、水の使用量は平年の六分の一に減少していますが、この皺寄せが住民の生活の末端まできているので、清潔好きな日本人にはとてもやり切れないわけです。第一に風呂など全然考えられません。

これの対策としてダムの建設が計画され、工事が進んでいますが、この十二月頃から新たに始まるプロバーコーブ第二ステージは、総工費三百～四百億円といわれる大きな工事で、今世界各国から土建会社が入札にきております。海をせきとめるロックヒルダムを造り、そこを淡水湖に変えようという工事で、動かす土砂岩の総量は千五百万立方メートルといわれ、日本の超一流ダムの倍近い規模といわれています。当然、多量の爆薬が使用されると思われ、今日本のみならず世界各国の土建業者からダイナマイトの見積り依頼が参っております。もちろん英国の業者も含めて。

香港では、数年にわたって英国のI・C・I社と激しい売り込み合戦があり、その結果、日本のダイナマイトは完全に英国を、ノックアウトしました。しかしI・C・Iは当地に長い歴史を持ち、多くの会社と資金的な絆をもつので、二十パーセントくらい義理で使われている実状です。これはわれわれダイナマイトメーカーとして、絶ゆまぬ研究、製造現場の合理化の努力の結晶であり、誇るべきことと思います。

当地で、英国人、仏国人より、「Japanese dynamites are very good!（日本のダイナマイトは非常に良い）」と手を握られると、たしかに胸にグッとくるものがあります。どこの国の業者がこの工事を担当することになっても、日本のダイナマイトが使用されることは、まず確実と考えてよいと思います。これだけ自信をもって商売できるのは気持ちのよいものですが、同時に次の発展にそなえて、たえず研究に努力する必要を感じます。

次に住の問題ですが、元来、当地は全島花崗岩、あるいは香港火山岩の塊りで、そこに宅地をつくる場合、いわゆるテラス……一種のベンチ（階段状の台地）形成工事が必要となり、現在そして将来も続けられることでしょう。

貧困にもとづく多産、そして中共（註・当時は中国本土をこう呼称した）から流入してくる制御できない難民、これらを含めると、一年に二十万人くらい増加しているものといわれていますが、正確な統計がとれないというところに、香港の特殊な事情が伺われます。これらの人々を収容する施設として、結局は先述のテラスを作って、そこに二十階建てくらいのアパートを建てるわけですが、またこの工事に付随して、採石業が活況を呈している状態です。

このほか人口の増加、住宅地の新造成にともない、かつ日本と同様自動車の急増が加わり、道路の拡張工事がいたるところで行なわれています。徹底した一方交通制度となっていますが、そういうところは復線に、復線のハイウエイは復々線にという具合に。そしてこの工事も、もともと道路そのものが花崗岩を切り取って造られたものなので、当然さらなる花崗岩の発破を必要とするため、かなりの量のダイナマイトが費用されています。こういう採石や道路工事だけで、この狭い土地で一月約四十トンの需要があります。

このように、香港の当面する三つの大きな問題のうち二つまでもダイナマイトに関係があるのは、われわれにとって喜ばしいことで、今、香港は東南アジアの第一の安定市場となっていることもうなずけましょう。

教育の問題は直接爆薬とは関係ありませんが、有識者の間ではこれを№1に推す人が多いようです。というのは、先の二つに比して対策が軌道にのっていないからだと思います。しかし、その主張者ですら、「私は義務教育が可能であるというほど非現実的な人間でない」と歎かざるをえないのが香港の実情です。

彼らは「今までは香港は低賃金低価格を武器に輸出できたが、近い将来かならず質の競争となる。その時、やはり教育を受けた熟練者を擁する国が勝つ。香港もそれにそなえる要がある」と唱えているわけです。街の不就学児（不浪児でない）の意見を、先日新聞で見ましたが、大部分は学校へ行くことを欲しています。ただ彼らを収容する学校がないということに対する対策は、まだまだという感じがします。

## 発破技術

さて、この辺りで香港の発破について、ちょっと触れて見ましょう。一言でいえば、狭い意味の発破技術は相当進んでいますが、香港の街の建設は発破なしでは考えられないくらい岩が多いので、長い間の経験で乗り切ってきたと思います。

先に述べたように、狭い街でのテラス造り、その拡張、道路工事、これらのうち市街の真ん中での工事が少なくないのです。市電の線路の二十メートル横や、アパートから八十〜百メートルくらいのところでの作業が毎日繰り返されて、新しい街造りが進行しているわけです。アパートの住人も、窓を閉めるだけで避難はしません。

しかし、安全面については、百パーセント自己流の解釈で満足しているのには、側で見ているとハラハラさせられます。気が付き次第やめさせていますが、彼らは自分たちの経験しか拠り所がないので、今まで何十年やってきたが事故はなかった、だから安全なのだという飛躍した考えになってしまうのは当然かも知れません。

導火線の装着を歯でしめつける。そしてちょっと気にくわなければ、すぐ引き抜いてやりなおす。ラジオのテスターを切羽で使う。皆、平気でやるわけです。こういうことは今後、折にふれて徐々に教育し、正しい作業法へと導く必要を感じます。もちろん当地でも地元以外の外国業者の場合は、それぞれその国独自の技術水準で仕事をしており、例えばフランスの業者は、八十平方メートルの断面を有するトンネルを、最新鋭の機械を駆使して全断面掘削で進行させるなど、日本と同じ技術レベルにあると思われます。もちろん、ここでも「日本のダイナマイトはベリーグッド」とほめています。今後も交通のスピード化をはかるため、一つ二つ大きなトンネルが計画されていますが、日本のダイナマイトが喜んで使われるようメーカーとしても努力を続けなければならぬと思います。

**風習その他**

当地は大部分中国人、おそらく九十九パーセントは中国人と思いますが、長い間、英国の植民地であったため、我々の接する人々についていえば、習慣は欧州風が多いようです。与える時は惜しみなく与え、受ける時は遠慮なく受けるギブアンドテイクの精神がよく理解されています。「つまらぬものですがどうぞ」というような挨拶は通用しません。

　夜昼の分かちなく、随所に見かけるカップル、これも一つのヨーロッパスタイルの現われかも知れません

1963年、ライオンロックの隧道工事現場で仏国の土木技術者と左は香港の商社マン、右は筆者

が、囲りはソッとしておくところが日本と違います。ビクトリア公園など、さしづめパリーのセーヌ河畔もどき光景かとも思われます。

しかし一方、公衆に迷惑のかかる行為は細かいことでも厳しく取り締まられています。吐唊、酔っぱらいは、見つかり次第五十～百ドル（三千五百～七千円）の罰金、もちろん立ち小便同様、特に千鳥足のひどいのや、大声でガナリ歩いているのなどは罰金で済まず、しばらく警察のご厄介にならねばなりません。そのうえ、すぐ新聞種の少ない当地の新聞に、詳しく行状が記述されます。

こちらにきてすでに三ヵ月、いろいろな事情で夜が遅くなることもありますが、ただの一度も酔っぱらいを見たことがありません。こう考えると、確かに日本は酒呑みの天国といえるようです。酒に限らず、要するに他人に迷惑をかけない範囲の自由を楽しむという行き方が本当の自由主義というものと思いますが、終戦直後、中学時代に老先生が自由主義についてこのような定義を講釈していたことが思い出されます。

しかし、街には非合法な物売りがたむろし、時には大きなレストランにまで子を負った貧しそうな婦人。十歳くらいの姉妹らが宝くじを売りにきますし、駐車場の近くには不浪性のやせた子供たちが自動車がスタートする折、窓を三、四回、衣でこすり、ドアをあけてくれたりした報酬として、何がしかの金をせびったり、街路には無数の乞食、そしてもう何もする気力も体力もなきがごとく、ただ皿をおいて寝ている老婆、こういう状況はすぐわれわれ旅行者の目につきます。

取り締まっても収容する施設や働かせる仕事がないためか、あるいはまだ大勢としてそう迷惑になるところまで行っていないと判断しているのか知りませんが、香港の街としての美観をそこねているのは確かです。

香港の十月一日は中共の祭日、十月十日は台湾系の祭日、この二つは休日ではありませんが、十月二日は中秋の月見で休日とここのところ街は賑やかで、今は、中共の国旗がなびき、中共を誇示する大きな広告塔が見られます。一週間後には台湾の旗となるのでしょうが、それぞれ自分の属する方の国旗のみを掲げるわけです。そして、この十月一日、十日前後は、火薬類の運搬は一切禁止されますが、それはその悪用を恐れるからです。それと面白いのは、それぞれの中国国旗と一緒にユニオンジャックを並べて掲げるというところに、植民地としての実感があります。

1963年、難民アパートの双十節

昔からの伝統なのか、銀行、デパート、宝石商などの前には、銃を持ったゴツイ体格のターバンをまいたインド人がガードとして使用されています。もっとも日本でも時々、銀行ギャングが出るので必要かも知れませんが、今時、銃を持ったガードマンを民間会社が用いつづけているというところにも、如何にも英国の保守的な臭いと、植民地らしいムードが感じられる次第です。

中国といえば、粋人はあの有名なチャイニーズスタイルを想像することでしょう。体の線を極端に出し、モモのところまで切れているスタイルは、考え方によって挑発的（中国レディには叱られるかも知れません）な感じがしますが、よくその動きを観察すれば、合理的なデザインともいえましょう。ここの住民の歴史まで詳しく調べませんが、やはり欧州系と東洋系の混血のためか、日本人級の体格で色が白人と黄色人種の中間といった程度なので、日本の男性には特に印象が強いのかも知れません。

熱帯の太陽が真上から照りつけるオフィス街を、スタイルブックの表紙から抜け出したような体にピッタリした濃いグリーン、ブルー、イエローなどの華やかなチャイニーズスタイルが、強烈なサングラスをつけて、数人スイスイと通り過ぎると、粋人ならずとも思わず振り返るということになります。

どうもあまり書いていると、だんだん良からぬ方向に進む恐れがありますので、今回はこの辺でペンをおかせていただきましょう。

（日本油脂「火薬ジャーナル」No.12・一九六三年十二月一日）

# 欧州駈けある記

一九八一年十月、スウェーデンでの技術導入交渉、西欧の各ユーザーと、東ベルリンのBAM安全研究所訪問のための約二十日間、欧州を駈け足でまわってきた。何しろ一ヵ所に一～二日しかいないという慌ただしいスケジュールだったが、この目で見、耳で聞いた欧州の風情を紹介したいと思う。

## 病めるEC

病める老大国、現代の大英帝国の別名であるが、今や欧州全体が病めるECになり下がってしまったようだ。まずインフレについては、西独は日本より低い年率五パーセント台であるが、英、仏、スウェーデンで十パーセント以上、伊では二十パーセント以上という急進ぶりで、物価に対する不安が各国労働者のスト旋風を巻き起こしている。

スウェーデンのユニフォスの購買担当重役が、「欧州のメーカーには、ストによる供給不安があるから、全面的には頼れない。はるばる日本のメーカーに依頼する一因はそこにもある」といみじくも云っていた。

同国では学卒者の就職難も表面化しだしたし、出張の最終日ロンドンに着いた日には、ICIで四千人の職場がなくなったとも報じられていた。ライン、セーヌ河のほとりなど、随所で見かける老夫婦の二人づれに社会福祉の普及を感じさせるが、一方、平均的勤労者の税率が四十〜六十パーセントという異常さなど、一つ一つに症状が顕在化しているように思える。何年か後の日本の姿を写し出しているという見方もあることを忘れてはなるまい。

どこでも日本車の進出が話題にならないところはなかった。西独での日本車の比率は前年より急増し、十パーセントを越した由である。ただ問題は自動車だけでなく、テレビ、鉄、カメラなど全面的に日本からの輸出の波が押し寄せている中で、自動車が、チャンピオンになっているに過ぎず、要は日本の経済力にたいする警戒心、恐怖心の問題といえよう。

欧州でも米国ほどでないが、作業者にトルコ人、アラブ人などの他国人を使用する場合が多い。日本企業の生産技術の優秀さは、教育レベルの高い単一民族による工場運営に負うところが多いとよく云われるが、次の話を聞いた。

現地の日本系の銀行では、日本職員が毎晩おそくまでチェック業務に精を出さねばならないとのことで、それは社員たるドイツ人のミスが多いためである。優秀な民族と云われるドイツ人の場合でさえ、他国企業に入ると、その程度ということは、ECに出稼ぎにくる前述の労務者は推して知るべしで、彼らに頼る欧州工場の悩みが分かろうというものである。

とにかく、日本の経済進攻に対する不安は、欧州の国境を越え職種を越えた関係者の世論であれば、単純に技術戦争の勝利者として進軍ラッパを吹き鳴らすのみでは、自由社会の一員として付き合いを続けられないと思う。もっとも我々の商売に、このことを配慮する余裕などあるはずはないが、ただこれらの国々の人と接する場合には、前記の現象、環境をよく認識したうえで話を進める必要があることを痛感した。

## 東欧の暗さと貧しさ

短時間ではあったが、東ベルリンで東欧の空気に触れたので、感想を述べてみたい。一言で云うと、ヤル気が起きないのではないかという印象。あるいは、起こさせないポリシーかも知れないが。

共産圏では、専門技術者が優遇されると云う話を聞くが、商社マンの話では、東独の大卒の初任給約十万円に対し、一応の企業の工場長級でもその五十パーセント程度増に過ぎないとのことである。

もちろん誰でも子供の教育費は国で出してもらえるし、住居費も三LDKで八千円、贅沢をしなければ、家族の生活は維持できる仕組みになっているが、何ともモチベーションに乏しい気がする。（自動車は百二十万円程度、カラーテレビは七十万円で、まだ高級品とされている）。当然の帰結として、ごく少数の特権階級に、富みと権力が集中しているのが実状である。

1980年、ブランデンブルグ門（当時は東ベルリン）をバックに

東ベルリン随所で見かけた静かな行列風景。それはレストラン、パン屋、肉屋から自動車購入申し込みまで、私の目には戦時中の暗い翳りが、なお息づいていたように思えた。ちなみに自動車は申し込み後、数年たたないと入手できないとのこと。西側に比してオンボロタクシーが多く、戦後三十年経つのに、戦災に遭ったビルが市街地に醜い妻面を晒《さら》したままになっている経済力の乏しさは、ポーランド危機の底流が、ここ東独にもひそんでいるのではなかろうかと思わせた。

なお、同じ一マルクでも、東独のそれは西独の五分の一の価値しかないと云われている。同民族でありながら東西に分けられ、旧首都ベルリンが依然、国連の管理都市なるがゆえに、自国のルフトハンザ機を着けられないという事実にも、ドイツ民族の不幸な一面が示されているように思うのである。

## 日本人と欧州人

欧州では伝統的に個人主義が生活のベースとなっている。換言すれば、個人を信頼することに通ずる。例えば鉄道には一切改札口はなく、自分で鋏を入れて乗車するだけで、出る時はフリーである。したがって、悪気をおこせばいくらでもということであるが、とにかくこのシステムで万事が流れている。

また、西独の高速道路には速度制限がなく、自らを律せよという精神である。時速百五十キロメートルでとばしていても、あっという間に横をすりぬけて行く車も多い。ただ事故件数当たりの死者は、日本より多いのも宜《むべ》なるかなという気がする。

しかし、不正はのばなしでなく、安直な密告制度（報酬をともなう）と、とてつもない罰金により歯止めをかけられているとのことで、例えばちょっとした不正乗車で一万円、酒気帯び運転には月収の三ヵ月分という、一見合理的にして目の玉が飛び出る罰金が課せられるそうである。

こういう我々の車も、フランクフルトで三十分間の違法駐車がすぐ密告された？のか、窓にレッテルを張られた一幕があった次第。あるドイツの研究者が、「日本はなぜ簡単に降伏したのかわからない。我々ならゲリラを組織してもっと抵抗した」と云っていたが、密告、厳罰、ゲリラ、こういう発想は、欧州民族の冷酷さ、また或る意味で陰惨さを物語り、浪花節的な気質の日本人との違いを感じさせる。

しかし、ドイツ人で我々にピタリ共感をもたせる場合もある。ＢＡＳＦの購買部長が、「長年貴社と付き合って、貴社をよく知り得た。二年前の包装のクレームについては、誠意をもってタイミングよく解決してくれたことは、かえって我々の心証をよくした。ＢＡＳＦは過去のつながりというか、歴史を大切にする考えだ」と昼食事、静かに語りかけて来たのにはジンとくるものがあった。商売の世界では、お互いの信頼関係が国の東西を問わず絶対条件であると思った次第である。

その西独も、教育問題には悩みがあるようだ。小学四年で本人の進路を決めねばならない現システムの見直しが叫ばれているほかに、国語の問題があるのには驚いた。英語とちがい名詞に性別があることは衆知であるが、これが現代児に憶え切れず、またこれを正しく教え込む先生が不足しているそうで、数十年たつと、ドイツ語の辞書も歪んだ言語をのせることになるかもしれないと、老管理者が嘆いていたのを想い出す。日本の漢字問題とよく似ているが、何処も同じということであろうか。

公害問題や省エネについては日本以上に細かいところまで配慮されているように思えた。例えばテレビ放映は夕方のみ、人口五十万のミュンヘンでも二チャンネル、ポンパ式は電力を喰うので禁止、つけ忘れの多い階段灯にはタイマーをかませて消す設計等々。なお高速道路の防音壁、空港の夜間発着の制限など日本同様である。

ただスウェーデン人が、公害問題について、「我々が対策をとっても、西独側から多量に排出されては何もならない」と漏らしていたが、同国はECのメンバーでないにしても、EC内でも、共通の海、共通の川を持ち合う国同志の共同体制が、如何に難しく、微妙な問題を含むかを示す言葉として興味深かった。

次に少し話題を変えてみよう。

同じ欧州でも、女性の進出については二つの顔があるようだ。透き通る肌でスタイルブックから抜け出したような一連隊に目を見張ることもたびたびあったが、仕事の方ではスウェーデンのように女子が三交替に入っている国がある一方、伊国のように男性の職場が足らないためか、「女性は家庭に！」がモットーで、銀行の窓口まで多くの大の男が顔を並べている国もある。十四〜十六時の休憩時に、いったん帰宅する慣習のためか、サッパリ人口が減らぬという意味深な噂は駐在員が話してくれた。

ドイツ女性の気質を示すエピソードを一つ。ある人が「最近の女子大生は、シャワー室から出る時、前を隠すようになってきた」と云ったので、意味を聞くと、数年前までは女性解放を誤解して、女子大生たちが男子と、スポーツなどの後でシャワーを使った後、〝堂々と〟お出ましになる風習があったが、最近は若干しおらしくなってきた由で、まあ社会現象には波があり、ある面で落ち着きが戻ってきたことを説明したかったとのことでした。

## むすび

二十日の間、青空を眺め得たのは一日半くらいで、あとは欧州の経済を象徴するかの如き曇天、小雨の連続であったが、これが十月の気候の標準型だそうである。

日曜日にベルリンに飛ぶまでの時間を利用してルーブル博物館を訪れ（日曜日は入場無料というのも羨ましい制度）、ミロのビーナスを間近に見て手で触れられたし、歴史的巨匠たちの大絵画彫刻を仰いで、数百年昔に想いを馳せたことは、慌ただしい日程の中で唯一のオアシスであった。大作の前に座り込んで没念としている常連？　目当ての名画を入念に模写している超長髪の未来の名匠？　たち、団体で訪れている小中学生の生き生きした瞳、芸術の都パリジャンの生活の一面がここにも息吹いているように思えた。

私は理解した。「芸術的センスは教え込むものでなく、囲りから与えられるものであろう」と。

最後に気持ちのよかった光景を一つ。パリーの地下鉄で中年の白人の婦人が乳児を背負った黒人にツト席を譲り、黒人は軽い会釈をして、席についた一幕があった。日常ごく当たり前の行為という感じで、白黒を少し意識していた自分を恥じたが、とにかく、人類は一つというまろやかな雰囲気を感じた一齣であった。

（日本油脂「みんなのＱＣ」118号・一九八二年一月十五日）

# 垣間見たタイの一齣

四月九日から十五日まで、技術調査のため始めてタイに出かけました。この機会に私の目に触れたタイの情況を紹介しておきます。

今回はもっぱら麻薬の宝庫といわれるタイ、ビルマ、ラオス国境（デルタ地帯）に近いチェンマイ、チェンライ地区の駈け歩きでしたが、第一の印象は、王政を続け、東南亜の中では政情が安定している同国といえども、まだまだ貧しく、発展途上国の共通の現象と思われる貧富の差の激しさが随所に見られたということです。大多数の国民が中流意識をもって満足している日本という国の偉大さと、日本国民の幸せさを感じた次第。日本の繁栄は終戦後の国民の頑張りにもよるのでしょうが、観点をかえれば教育制度とそれの活用による平均値のカサ上げにあったように思えます。国民性にもよるが、やはり基本は政治の違いといえるのではないでしょうか。

チェンマイのような中都市でさえも、何兆円の預金を保有して利子生活をしている大金持ちがけっこういる一方で、例えばビルマ国境のような観光客の集まる場所には乳児を背負い、汚れた衣服をまとった童児が黄色い声を張り上げて、つまらない土産物を売るためにしつこくまとわりついたり、中には金をせびる光景——日本でも何十年か前には見られた——を見かけます。

円換算で六円程度のコインを手にして立ち去る子供たちの姿には、暗さというか憐れさを感じずにはおられません。気候は寒さ知らずで、衣服を着込む要もなく、また食品は極端に安く、例えば低級の米は一キロ四十円、一ヵ月、一人六百円で最低食費をまかなえるという環境が結局、働く意欲を減らし、義務教育制度があっても十パーセントは就学せず、電気のない家庭が数パーセントあっても、それに甘んじる階層をつくってしまっているともいえましょう。

案内していただいたK先生は、タイの貧しい人たちへ何らかの支援をしている人なので、何軒かの貧しい民家の訪問に付き合いました。床の高い藁葺きの簡単な一間に、子供を含めて十人くらい住んでました。バンコックは大都会だが、車で数時間走った農村では、まだこの光景がまま見られます。一方、チェンマイでの夜、せっかくだからと、中心街のナイトクラブに入ると、さすが、有名な都市だけあり、ゾクゾクするチェンマイ娘ばかりでした。この場の紹介は「ハイ、それまで」としておきましょう。

生活必需品は安く、贅沢品は高くという、社会主義的な価格体系も、結局は貧困階層の多さを物語るという見方も成り立つと思います。例をあげてみましょう。大学卒の初任給は年収約四十万円、これは大体、一般労働者の収入に匹敵します。チェンマイにも富士通のJVがありますが、人手をかけ、しかも輸送コストのかからないエレクトロニクス部品にはもってこいの立地条件になっていると思うのです。

乗用車、カラーテレビ、カメラ、洗濯機、フィルム等はまだ贅沢品であり、日本国内と同程度の価格ですが、扇風機となると、日本の数分の一というように明確に線が引かれています。家族やグループの遠出も、〝ドライブ〟と云うにはほど遠いやり方で、軽トラの荷台に鈴なりになって楽しんでいるというレベルです。そして乗用車の普及率約十パーセントという数字が、すべてを物語っていると思うのです。

峠の茶店に温泉があるというので、車を止めて立ち寄ってみました。ちょうど海水浴場の更衣室を広くしたような区画がしてあり、あまり綺麗ではありません。気乗りはしなかったが、「これも経験！」と脱衣をしてバスに浸かりました。もちろん一人用の西洋バスでしたが、湯はぬるく、タイには失礼ですが何か不潔な感じがしてしまい、そそくさと切り上げた次第です。

四月十四日はソンクランという水祭りの日でした。仏の体を清めるということに肖《あや》かり、通行人、オートバイ、前記の軽トラの〝乗客〟、誰にでも水をかけてよいし、かけられても一切怒ってはならぬという日です。井戸水ならともかく、不衛生な堀の溜まり水までポリバケツで汲んでかけあっています。ビショビショになりながら、お互いに水浴びをエンジョイしているように思えました。K先生の話では、今年は山車も出ているし、例年になく賑やかだったとのことでした。

我々日本人の目から見ると、まだまだ貧しさが目につくが、国としてGNPは年率六パーセントでのびており、一般論としては、国民の生活も年々安定の方向にあるのでしょう。満足度は、目標に対する達成度のパーセント、すなわち相対値で決まるということを考えれば概していい方向に進んでいると言えましょう。

チェンマイからバンコックへの帰路についたが、何と五時間の遅延には驚きました。空港で文字通り手持ちぶさたの待機。しかし、周りの乗客はただ黙っています。先生と私だけが何度も事務所に空しく確かめに出向くだけです。こういうことにタイ以外でも遭遇したことがありますが、やきもきするのはどうも日本人だけのように思うのです。かならずしも発展途上国に限らず、欧米人も意外に大人しく鷹揚です。

バンコック到着は午前様となってしまいましたが、予定していた迎えの人は空港に出ておられ、空港で更《あらた》めて接待を受けることになってしまい、申し訳ないことですが、眠くて仕方がありませんでした。

同じタイでも首都バンコクの市内では、また違った生活が営まれているかも知れません。今回はバンコク中心街には立ち寄らなかったので、北タイの田舎の一駒だけを紹介した次第です。


（日本油脂「技推ジャーナル」No.15・一九八七年四月三十日）

# おわりに

本書には私の若い時代の文章も何点か組み入れた。時代は推移し、社会環境や価値観もすっかり変わってしまったので、私は文章の選択に際し、現代にも通用する思想であることと、〝古き〟時代を知る参考になりそうという二つのチェックポイントを考慮したつもりではあったが、或いは読者の方々が気になる箇所が幾つかあったかもしれない。

「戦争を知らない子供達」という歌が一頃流行《はや》ったが、今はその世代が社会を動かす時代になっている。戦争体験をその世代、さらに子孫にまで継承すべしと言う声をよく耳にするが、あの非人間的な行為と結果の悲惨さは、人類永遠の幸福のためあってはならないという高い次元からの話であろう。しかしながら、今も地球の何処かで血が流れている。人間の業だろうか。

私の場合は、戦争を知ったと言っても、疎開が三ヵ月早かったために幸い空襲の難を逃れられたし、また、クリティカルな年代より二—三歳若かったので戦場の経験もない。ただ少年時代に父をサイパン沖で失うという大きな犠牲を払ったので、戦争については忌まわしく、悲しい思い出を持っている。そして戦争の後遺症であるインフレに対して母子家庭として戦った苦しみは、少年の心にこの社会で生きていくための大切な敢闘精神を植え付けたと思っている。

社会に出てからも、戦後の製造業は国の復興に向けて苦労が多かった。技術屋のひとりごとに吐露された内容は、直面する経済戦争に対する勤労者への警鐘ばかりであるが、戦後半世紀以上経った今も、それらが通用する厳しい環境が続いているように思う。ただ我々の場合は食い物も道具も不自由な時代で、いわば「手作り」で頑張ったが、豊穣な環境で育ってきた今の世代は、有り余るハードソフトの道具をいかに活用して頑張るかと言う点が違っているように思える。経済戦争は形は変わるかもしれないが、今後も続くのである。

過ぎ去った時代を垣間見ることがどの程度意味があることなのか、私は的確に表現できないが、本書が少しでも同世代の回顧心を擽《くすぐ》り、かつ新しい時代を担う人たちへのささやかな贈り物になれば幸いである。

元就出版社の浜社長にいろいろアドバイスをいただいた。感謝の意を表したい。

著　者

**【著者紹介】**
篠原昌史（しのはら・まさし）
1929年、栃木県壬生町生まれ
1953年、東京大学工学部応用化学科卒業
同年、日本油脂株式会社に入社し専務取締役、顧問を経て1996年、退社。
著書に『ブラボー!! 古希の旅三昧』がある。

戦中戦後を駆け抜けた昭和一桁の徒然草

2001年 8 月15日　第 1 刷発行

著　者　篠　原　昌　史
発行人　浜　　　正　史
発行所　株式会社　元就《げんしゅう》出版社
〒171-0022 東京都豊島区南池袋4-20-9
サンロードビル301
電話　03-3986-7736 FAX 03-3987-2580
振替　00120-3-31078
装　幀　純　谷　祥　一
印刷所　東洋経済印刷株式会社

※乱丁本・落丁本はお取り替えいたします。


ISBN4-906631-69-X　C0095